教育部人文社会科学研究
“基于遗赠动机约束机制的我国住房反向抵押贷款需求决策研究”（20YJA790007）项目资助

董红杰　韩　威◎著

基于遗赠动机约束机制的我国住房反向抵押贷款需求决策研究

The Research on Demand Decision-making of Housing Reverse Mortgage in China Based on the Constraint Mechanism of Bequest Motivation

中国财经出版传媒集团
中国财政经济出版社

图书在版编目（CIP）数据

基于遗赠动机约束机制的我国住房反向抵押贷款需求决策研究 / 董红杰，韩威著. -- 北京：中国财政经济出版社，2024. 3

ISBN 978 - 7 - 5223 - 2900 - 0

Ⅰ. ①基… Ⅱ. ①董… ②韩… Ⅲ. ①住房抵押贷款－研究－中国 Ⅳ. ①F832. 479

中国国家版本馆 CIP 数据核字（2024）第 047855 号

责任编辑：高文欣　　责任印制：史大鹏

责任校对：徐艳丽

基于遗赠动机约束机制的我国住房反向抵押贷款需求决策研究

JIYU YIZENG DONGJI YUESHU JIZHIDE WOGUO ZHUFANG FANXIANG DIYA DAIKUAN XUQIU JUECE YANJIU

中国财政经济出版社 出版

URL：http：//www. cfeph. cn

E－mail：cfeph@ cfeph. cn

社址：北京市海淀区阜成路甲 28 号　邮政编码：100142

营销中心电话：010－88191522

天猫网店：中国财政经济出版社旗舰店

网址：https：//zgczjjcbs. tmall. com

中煤（北京）印务有限公司印刷　各地新华书店经销

成品尺寸：170mm×240mm　16 开　10 印张　155 000 字

2024 年 6 月第 1 版　2024 年 6 月北京第 1 次印刷

定价：68. 00 元

ISBN 978－7－5223－2900－0

（图书出现印装问题，本社负责调换，电话：010－88190548）

本社图书质量投诉电话：010－88190744

前　言

在人口老龄化程度不断加深的情况下，如何寻找有效方式缓解“养老压力”成为摆在理论研究者和政策制定者面前的一道难题。国际经验表明，住房反向抵押贷款模式能够有效整合房地产市场和金融市场的综合优势，使老年人拥有的房产发挥居住、养老和投资三重功能，是对传统养老保障体系的有益补充。因此，在老龄化日益加剧、家庭养老功能弱化、住房自有比例较高等基本情况下，开展住房反向抵押贷款，可以将社会存量住房资产转化为养老资源，以解决“房产富人、现金穷人”的养老问题。

我国政府陆续出台了住房反向抵押贷款相关实施政策，表明了我国政府对推行住房反向抵押贷款模式的支持力度。开展住房反向抵押贷款模式有利于丰富“多层次、多支柱”的养老保障体系，从而应对人口老龄化同时优化社会资产配置，提高养老保障体系的可持续性。尽管相关理论已经表明，住房反向抵押贷款模式是养老保障体系的有益补充，但我国住房反向抵押贷款模式实际签约率较低，出现了“有效需求不足”状况。纵观近年我国住房反向抵押贷款模式的运行实践，影响其有效实施的因素有很多，而我国老年人潜在需求意愿是决定其可持续发展的关键所在。遗赠动机是我国居民家庭资产配置决策的重要约束因素，会显著影响居民的边际消费倾向和资产配置决策。而参与住房反向抵押贷款模式同样属于居民的家庭资产配置决策。那么，遗赠动机是否是我国居民住房反向抵押贷款需求决策的主要约束因素？其影响机制和影响渠道是什么？以及是否存在有效的缓解策略？

目前我国有关住房反向抵押贷款模式的理论探讨，更多是金融机构视角下的产品定价以及宏观环境视角下的可行性分析，鲜有从退休人员的微观行为视角，深入分析住房反向抵押模式有效需求的约束因素。因此，本书首先借鉴跨期效用决策模型，在追求生命周期内期望效用最大化原则下，推导出老年人参与住房反向抵押贷款的需求决策规则，并利用我国现阶段人口与经济数据，从老年人微观需求角度分析了其参与住房反向抵押贷款的终身期望效用变动情况，有效识别了遗赠动机对我国住房反向抵押贷款需求决策的约束影响机制。研究结果表明：权衡消费边际效用和遗赠边际效用是参与住房反向抵押贷款的主要决策规则，而较高的遗赠动机强度是我国住房反向抵押贷款市场有效需求不足的重要成因。其次，嵌入赎回权的住房反向抵押贷款可以实现保留部分遗产价值的选择权，在一定程度上可以缓解遗赠动机对老年人需求意愿的约束影响，因而更适合遗赠动机较强的我国老龄人口。进一步通过主要参数的敏感性分析发现：定价利率、初始费用、风险厌恶程度、退休金收入等有关决策因素，也会一定程度上影响我国住房反向抵押贷款的有效需求。

在现实情景中，能否有效测度我国老年居民的遗赠动机强度，从而实证检验其对我国住房反向抵押贷款有效需求的影响机制？通过调研数据实证分析我国老年人参与住房反向抵押贷款需求意愿的影响因素，是检验需求决策理论模型和探索住房反向抵押贷款模式有效运行的现实基础。因此，本书进一步选择我国住房反向抵押贷款模式试点城市为调研区域，对城市退休居民的人口特征、家庭环境、住房反向抵押贷款方案评价和改革建议等方面进行实地调研，并对利己、利他心理引致的遗赠动机影响机制进行理论构建，利用 Ordered - Probit 计量模型实证分析了老年人的利己与利他遗赠动机对住房反向抵押贷款需求意愿的约束影响。研究结果表明：(1) 在控制老年人口特征因素情况下，老年人参与住房反向抵押贷款模式，将会受到“利己遗赠动机”和“利他遗赠动机”的双重约束影响。(2) 提高“社区养老服务满意度”可以弱化“利己遗赠动机”的约束影响，从而增强老年人参与住房反向抵押贷款的需求意愿；而有效实施房产税则可以弱化“利他遗赠动机”的约束影响，增强老年人参与住房反向抵押贷款的需求意愿。(3) 为了增加住房反向抵押贷款的有效需求，金融机构应不断创新和优化住房反向抵押贷款运行模式，应对老年人利己与利他遗赠动机约束影响。而政府部门则应不断推进税收制度改革、完善社区养老服务质量及专业化水平，从而间接促进老年人参与住房反向抵押贷款的需求意愿。

最后，本书结合主要研究结论，有针对性地从金融机构（产品设计、宣传策略、信任机制）和政府部门（咨询平台、税收政策、社区服务）等角度，提出了我国住房反向抵押贷款有效运行的政策建议。

目录

第一章 绪　论

第一节 研究背景、研究问题及研究意义

一、研究背景

人口老龄化已成为各国普遍面临的重要社会问题之一，中国人口老龄化问题也已日趋严重。根据2021年第七次人口普查数据显示，我国60岁以上人口比例达到18.7%，65岁及以上人口比重也接近13.5%。与2010年相比，60岁及以上人口的比重上升5.44个百分点；此外，中国平均每个家庭户人口为2.62人，家庭户规模继续缩小，比2010年的3.10人减少0.48人，人口老龄化程度进一步加深。[①] 根据《中国发展报告2020：中国人口老龄化发展趋势和政策》[②] 数据显示：预计2025年“十四五”规划完成时，65岁及以上的老年人将超过2.1亿，占总人口数的约15%；2035年和2050年时，中国65岁及以上的老年人将达到3.1亿和接近3.8亿，占总人口比例则分别达到22.3%和27.9%。如果以60岁及以上作为划定老年人口的标准，中国的老年人口数量将会更多，到2050年时将有接近5亿老年人，我国将进入深度老龄社会阶段，国家社会保障制度面临严峻挑战。与此同时，中国的家庭结构却向着独子化、少子化转变，据联合国的预测：到2030年，中国家庭平均人数将缩小至2.6人，2050年将进一步降至2.51人，中国城市家庭结构将会普遍呈现“4－2－1”的模式（即4个老年人、2个中年人和1个青少年），家庭养老功能进一步逐步弱化，老年人赡养存在巨大经济压力。

---

① https：//baijiahao. baidu. com/s? id＝1699503338556058948&wfr＝spider&for＝pc，人民资讯.

② https：//www. cdrf. org. cn/laolinghua/index. htm，中国发展研究基金会.

另外，我国现行社会养老金运行模式是一种“收付实现制”模式，积累起来的个人账户资金，被使用发放当期养老金，如果没有老龄化，人口结构呈现“钟”形，每年既有人进入劳动力队伍，也有人退出劳动力队伍，现收现付的存续没有太大问题。寿命增加就稍微延退，晚领一点养老保险即可。但是由于面临老龄化的挑战，如同现在的“菱形”人口结构，现收现付则将难以持续。[①] 根据中国社科院世界社保研究中心于2019年4月10日发布的《中国养老金精算报告2019—2050年》[②] 显示：“国家的养老金当期结余将于2028年出现赤字并不断扩大。”

因此，在人口老龄化加剧、家庭养老功能弱化、养老金现收现付制压力增大的情况下，如何寻找有效方式缓解即将到来的“养老问题”成为摆在理论研究者和政策制定者面前的一道难题。党的十九届五中全会中提出了：健全多层次社会保障体系，全面推进健康中国建设，积极应对人口老龄化的国家战略。而在2020年中央经济工作会议中也特别强调：完善多层次、多支柱养老保险体系，尤其是规范发展第三支柱养老保险模式改革，将是我国“十四五”时期社会保障体系高质量转型的一项重要任务。因此，加快我国第三支柱个人养老金模式改革发展，不仅有利于完善我国多层次养老保险体系，也有利于更好地满足我国居民多样化的养老需求。住房反向抵押贷款作为第三支柱养老模式的重要构成部分，它将住房抵押与终身年金保险相结合，允许老年人把具有完全产权住房向金融机构进行抵押，可以提前实现未来住房价值变现进行养老消费；而老年申请者在生存期间内，在享受养老年金的同时仍然拥有房屋占有、使用、收益或其他经抵押权人同意的处置权；并且根据附属条款老年人或继承人具有提前终止或提前赎回选择权。因此，住房反向抵押贷款模式能够有效整合房地产市场、金融市场和保险市场的综合优势，是对传统养老保障方式的有益补充。住房反向抵押贷款作为调动老年人“沉睡住房资产”从而缓解养老困境的模式，开始受到各界越来越多的关注。该种模式已经在美国、加拿大、英国、澳大利亚、法国、日本、韩国和新加坡等多个国家或地区赢得认

① 郑秉文，董克用，赵耀辉等．养老金改革的前景、挑战与对策［J］．国际经济评论，2021（04）：9－31，4．

② http：//www. rmzxb. com. cn/c/2019－04－10/2326784. shtml，人民政协网．

可，得到众多老年人的积极响应。因此，借鉴住房反向抵押贷款市场成熟国家的成功经验，开发适合中国的养老金融产品，增强老年人自我保障能力是一条有意义的思路。

住房反向抵押贷款作为创新型养老金融资模式，是一种增加未来养老资金流动性的选择方式，其本质上是将老年人的住房资产投资于金融保险市场从而实现养老规划，在剩余生存期内可定期领取养老年金的商业保险行为。在我国老龄化日益加剧、家庭养老功能弱化、养老支出水平大幅提升以及住房自有比例较高等基本环境下，开展住房反向抵押贷款模式，可以将社会存量住房资产转化为养老资源，以解决“房产富人、现金穷人”养老金短缺问题。因此，我国政府开始探索住房反向抵押贷款模式运行机制，在 2014 年 6 月，中国保险监督管理委员会发布《中国保监会关于开展老年人住房反向抵押养老保险试点的指导意见》（保监发〔2014〕53 号），标志着老年人住房反向抵押养老保险试点工作正式启动，试点期限自 2014 年 7 月 1 日起至 2016 年 6 月 30 日止，投保人群应为 60 周岁以上并拥有房屋完全独立产权的老年人，试点城市为北京、上海、广州和武汉。而在 2016 年 7 月，中国保监会决定将老年人住房反向抵押养老保险试点期限延长至 2018 年 6 月 30 日，又发布了《中国保监会关于延长老年人住房反向抵押养老保险试点期间并扩大试点范围的通知》（保监发〔2016〕55 号），试点范围扩大至各直辖市、省会城市（自治区首府）、计划单列市以及江苏省、浙江省、山东省和广东省的部分地级市，上述 4 省中，每省开展试点的地级市原则上不超过 3 个。随着住房反向抵押贷款养老模式的试点推广，在 2017 年 6 月，国务院办公厅发布了《国务院办公厅关于加快发展商业养老保险的若干意见》指出：不仅要大力发展老年人住房反向抵押养老保险等适老性强的商业保险，而且各地要支持商业保险机构开展住房反向抵押养老保险业务，在房地产交易、登记和公证等机构设立绿色通道、降低收费标准、简化办事程序以及提升服务效率。于是，在老年人住房反向抵押养老保险试点实施 4 年之际，在 2018 年 8 月，中国银行保险监督管理委员会（2018 年中国银监会与中国保监会合并成立中国银保监会）印发《中国银保监会关于扩大老年人住房反向抵押养老保险开展范围的通知》（银保监发〔2018〕56 号），将老年人住房反向抵押养老保险从此前的试点扩大到全国范围开展。从 2014 ~ 2018 年的国家政策实施过程可以看出，中国银保监会决定将住房反向抵押试点扩大到全国范围是为了贯彻国务院一系列指示精神和有关要求，进一步深化商业养老保险供给侧结构性改革。2020 年 1 月，中国银保监会等 13 个部门联合发布《关于促进社会服务领域商业保险发展的意见》中强调：积极发展多样化商业养老年金保险，优化老年人住房反向抵押保险支持政策。为贯彻落实积极应对人口老龄化国家战略，国务院 2022 年 2 月 21 日印发的《"十四五"国家老龄事业发展和养老服务体系规划》（国发〔2021〕35 号）中再次强调："促进和规范发展第三支柱养老保险，支持老年人住房反向抵押养老保险业务发展"。国家有关部门持续出台住房反向抵押贷款实施政策，这也表明了我国政府对推行住房反向抵押贷款模式的支持力度。开展住房反向抵押贷款模式是健全我国社会养老保障体系的重要举措，有利于丰富"多层次、多支柱"养老保险体系、缓解养老金压力和提高养老保障体系可持续性。

二、研究问题

尽管国际经验和相关理论已经表明，住房反向抵押贷款模式是养老保障体系的有益补充，但在我国运行实践中，住房反向抵押贷款模式市场发展并不尽如人意，实际签约率较低，出现了"有效需求不足"状况（如表 1－1 所示），住房反向抵押贷款模式在我国仍旧处于探索发展阶段。那么，我国市场对住房反向抵押贷款模式反应如此冷淡的原因究竟何在？

表 1－1　　我国住房反向抵押贷款需求意愿

时间	调研数据	需求意愿	文献来源
2015 年	北京市 6 个城区 800 个家庭问卷抽样调查	仅有 10% 的老年人愿意	陈秉正，高名，刘晓菲．住房反向抵押养老保险需求分析［J］．保险研究，2015（5）：121－128.
2015 年	哈尔滨市 8 个辖区的 520 份城市老年居民问卷抽样调查	仅有 15% 老年人愿意接受	石振武，袁甜甜．以房养老需求意愿及影响因素研究——基于有序 Logistic 模型［J］．调研世界，2016（7）：47－52.

续表

时间	调研数据	需求意愿	文献来源
2017 年	武汉市主城区 518 份中老年人的问卷抽样调查	仅有 18% 老年人持开放态度	熊景维，钟涨宝，李奥奇．保障替代、代际契约与信息引致："以房养老"参与意愿的影响因素［J］．人口研究，2017（1）：48－60.
2017 年	上海市老年人口状况问卷抽样调查	仅有 23% 中老年人可以接受	瞿小敏．"以房养老"可行性分析：基于老年人的需求及意愿［J］．人口与社会，2017，33（3）：64－71.
2018 年	上海城镇中老年人 473 例进行问卷调查	仅有 18.7% 城镇中老年人愿意	蔡俊亚，郭丽娜．上海城镇居民"以房养老"意愿及其影响因素［J］．中国老年学杂志，2018，38（7）：1757－1758.
2019 年	北京和上海主城区 50 岁以上居民问卷抽样调查	有 9%"非常感兴趣"；有 12%"比较感兴趣"	Han W，Wang P，Dong H. Influence of Egoistic and Altruistic Bequest Motives on the Willingness to Participate in Reverse Mortgages in China［J］．Asian Economic Journal，2020，34（4）：430－463.

我国学者也分别从制度建设、法律环境、运作机制等宏观环境角度对我国住房反向抵押贷款发展可行性进行了理论探索。①②③④ 然而，相比较外部宏观环境的影响因素，居民微观需求决策行为是决定住房反向抵押贷款市场可持续发展的关键所在。调查和考察我国居民的潜在需求意愿及其影响因素，是探究住房反向抵押养老保险政策有效运行的现实基础。由于我国住房反向抵押贷款模式运行时间较短，实际签约数据较少，很难根据实际签约数据进行实证研究，目前国内学者更多是基于问卷数据进行需求意愿调

① 张建伟，韩青．发展住房反向抵押养老保险的宏观策略分析［J］．城市发展研究，2014，21（6）：73－79.

② 陈友华，施旖旎．最后一根救命稻草：以房养老的美国经验与在中国的实践［J］．国际经济评论，2016（6）：10＋148，159.

③ 范李瑛．论我国推行住房反向抵押贷款的法律制度保障［J］．中州学刊，2016（10）：54－58.

④ 张宁，王燕平，孙晨，宁晓芙．以房养老的房产税和遗产税影响研究［J］．宏观经济研究，2020（2）：75－83.

查，国内学者，陈秉正等（2015）[①]、石振武和袁甜甜（2016）[②]、熊景维等（2017）[③]、瞿小敏（2017）[④] 等分别通过调研发现我国居民参与住房反向抵押贷款的潜在需求意愿普遍偏低，并分别根据我国试点城市调研数据，考察了年龄、文化程度、家庭收入、子女数量、职业类型等人口和家庭特征因素对需求意愿的约束影响。可见，虽然从理论研究上看，住房反向抵押贷款是提供终身养老保障的有效方式，但现实中由于存在需求约束机制，影响着我国住房反向抵押贷款的有效运行。我国住房反向抵押贷款经验研究成果仍然较少，既有需求意愿经验研究更侧重于人口统计变量间相关分析，疏于从退休居民行为决策因素探究我国住房反向抵押贷款有效需求的影响机理和作用渠道。

住房反向抵押贷款“有效需求不足”的问题不仅出现在中国，在一些住房反向抵押贷款市场成熟的地区，实践初期阶段也遇到了有效需求小于预期的问题。例如，Moulton 等（2015）[⑤]、Kim 等（2016）[⑥]、Swan（2016）[⑦]、Dillingh 等（2017）[⑧] 分别调查美国、韩国、荷兰等地区的住房反向抵押贷款市场需求，在实践初期阶段，都不同程度出现了“有效需求不足”现象，他们重点考察了退休居民的行为决策因素对住房反向抵押贷款有效需求的约束影响，并分别证实退休居民的风险偏好、社会互动能力、保险市场信任度、养老金不足预期、长寿风险预期等行为决策因素决定着住房反向抵押贷款市场的有效运

① 陈秉正，高名，刘晓菲．住房反向抵押养老保险需求分析［J］．保险研究，2015（5）：121-128.

② 石振武，袁甜甜．以房养老需求意愿及影响因素研究——基于有序 Logistic 模型［J］．调研世界，2016（7）：47-52.

③ 熊景维，钟涨宝，李奥奇．保障替代、代际契约与信息引致：“以房养老”参与意愿的影响因素——基于武汉市老年人调查数据的实证分析［J］．人口研究，2017（1）：48-60.

④ 瞿小敏．“以房养老”可行性分析：基于老年人的需求及意愿［J］．人口与社会，2017，33（3）：64-71.

⑤ Moulton S，Haurin D R，Shi W. An analysis of default risk in the Home Equity Conversion Mortgage (HECM) program［J］. Journal of Urban Economics，2015，90：17-34.

⑥ Kim J，Li J. Risk-neutral valuation of the non-recourse protection in reverse mortgages：A case study for Korea［J］. Emerging Markets Review，2016，30（3）：133-154.

⑦ Swarn C. Reverse Mortgage Participation in the United States：Evidence from a National Study［J］. International Journal of Financial Studies，2016，4（1）：1-10.

⑧ Dillingh R，Prast H，Rossi M，et al. Who wants to have their home and eat it too? Interest in reverse mortgages in the Netherlands［J］. Journal of Housing Economics，2017，38（1）：25-37.

行。由于各个国家或地区，在制度环境、社会观念、文化传统等方面差别较大，住房反向抵押贷款有效需求的主要约束机制及其影响渠道有可能存在较大差异。因此，在中国情境下，深入考察住房反向抵押贷款需求决策的关键约束因素及其影响机制，积累住房反向抵押贷款市场运行的中国经验，在实践层面具有重要的现实意义。

我国具有根深蒂固的家庭资产遗赠文化，尤其是家庭资产中的住房资产，因此，遗赠动机是我国家庭资产配置决策的重要约束因素，会显著影响居民消费倾向和资产配置效率。参与住房反向抵押贷款属于重要的家庭资产配置行为，老年人参与住房反向抵押贷款，金融机构将会拥有住房资产的未来处置权，最终通过处置老年人的房屋来收回累计贷款余额，对于申请者来说，他们的消费边际效用会增加，同时他们的遗赠边际效用可能会降低，权衡消费和遗赠的边际效用是我国退休居民参与住房反向抵押贷款的重要行为决策规则。但是，目前国内外有关住房反向抵押贷款的行为需求决策研究，并未充分考虑遗赠动机作用机理。Davidoff 等（2017）①、Nakajim 和 Telyukova（2017）② 在住房反向抵押贷款需求决策研究中，提及了遗赠动机的影响作用，但并未对此展开充分论证，没有深入考察遗赠动机对需求决策的约束机制。究其原因，主要是由于西方国家的遗产税较高，同时崇尚自由主义，遗赠动机的边际影响相对较小。而我国居民受传统观念影响较深，遗赠动机对住房资产配置的约束影响远远大于西方国家，但是目前学术界从遗赠动机角度考察住房反向抵押贷款需求决策影响机制的研究并不多见。

目前有关遗赠动机的理论研究，更多是应用在家庭消费－储蓄决策的研究领域。国外学者，Kopczuk & Lupton（2007）③、Alonsocarrera et al.（2010）④、

---

① Davidoff T, Gerhard P, Post T. Reverse Mortgages: What Homeowners (Don't) Know and How it Matters [J]. Journal of Economic Behavior & Organization, 2017, 133 (1): 151－171.

② Nakajima M, Telyukova I A. Reverse Mortgage Loans: A Quantitative Analysis [J]. Journal of Finance, 2017, 72 (2): 911－950.

③ Kopczuk W, Lupton J. To Leave or Not to Leave: The Distribution of Bequest Motives [J]. Review of Economic Studies, 2007, 74 (1): 207－235.

④ Alonsocarrera J, Caballé J, Raurich X. Aspirations, Habit Formation, and Bequest Motive [J]. Economic Journal, 2010, 117 (520): 813－836.

Lockwood（2012）[①] 理论研究认为遗赠动机会影响个人的消费与储蓄行为，也会改变其风险资产配置比重。国内学者，景珮（2013）[②]、赵向琴（2015）[③]、单戈和王晓军（2018）[④] 也将遗赠动机引入我国居民家庭消费－储蓄决策中，分别讨论了遗赠动机约束下家庭消费、投资和保险的最优支出结构。在家庭金融行为决策实证研究上，张诚和唐成（2021）[⑤]、陈莹等（2023）[⑥] 根据中国家庭金融调查数据（CHFS）证实我国居民具有较强遗赠动机，这显著增加了居民储蓄率，降低了居民消费倾向和购买养老保险意愿。中国家庭住房资产占家庭总资产的77.7%，住房资产在家庭财富配置决策中发挥着重要作用，而随着过去几年中国房价过快上涨，居民预期住房财富效应逐渐增强，因此，住房资产成为我国家庭财富积累和代际转移的重要纽带，加剧了住房遗赠动机对家庭资产配置效率的约束影响。[⑦⑧⑨] 我国老龄人口具有较强传统家庭养老观念，对包括住房反向抵押贷款在内的各种养老金融产品普遍具有排斥心理，导致我国养老金融市场出现了"有效需求"不足问题。根据郑秉文（2016）[⑩] 的测算，我国第三支柱商业养老保险市场的参与度仅为0.4%，相较发达国家，我国养老金融产品市场参与程度仍然很低。

---

① Lockwood L M. Bequest Motives and the Annuity Puzzle [J]. Review of Economic Dynamics, 2012, 15 (2): 226－243.

② 景珮，李秀芳．基于连续时间金融理论人寿保险需求问题探究［J］．南开经济研究，2013（1）：91－103.

③ 赵向琴．预期寿命延长、遗赠动机和风险资产配置［J］．厦门大学学报（哲学社会科学版），2015（4）：121－133.

④ 单戈，王晓军．养老资产年金化谜题：风险决策下的年金化价值比较［J］．统计与信息论坛，2018，33（6）：78－87.

⑤ 张诚，唐成．遗产动机对中国老年家庭储蓄率的影响［J］．人口与经济，2021（2）：57－70.

⑥ 陈莹，孔祥钊，赵桂芹．遗赠动机与多层次养老保险参与：抑制还是促进？［J］．保险研究，2023（3）：70－86.

⑦ 陈健，黄少安．遗产动机与财富效应的权衡：以房养老可行吗？［J］．经济研究，2013（9）：56－70.

⑧ 况伟大，王湘君，葛玉好．老龄化、遗产动机与房价［J］．中国软科学，2018（12）：44－55.

⑨ 刘华，王姣，陈力朋．住房财富效应、遗赠动机与老年人劳动参与［J］．劳动经济研究，2020，8（3）：32－55.

⑩ 郑秉文．第三支柱商业养老保险顶层设计：税收的作用及其深远意义［J］．中国人民大学学报，2016，V30（1）：2－11.

那么，遗赠动机是否是我国住房反向抵押贷款市场“有效需求”的主要行为约束因素？在中国现实情境下，遗赠动机是如何影响住房反向抵押贷款的需求决策，以及其影响机制和作用渠道是什么？目前国内外研究仍然缺少系统的理论论证和实证检验。因此，本书首先通过构建跨期效用决策模型，理论论证和模拟分析了我国老年人参与住房反向抵押贷款的需求决策行为，有效识别了遗赠动机对我国住房反向抵押贷款有效需求的行为约束机制。其次通过调查数据和实验数据，实证检验了遗赠动机对我国住房反向抵押贷款市场需求意愿的约束作用及其影响路径。最后从金融机构（产品设计、宣传策略、信任机制）和政府部门（咨询平台、税收政策、社区服务）等角度，探索了我国住房反向抵押贷款市场“有效需求”不足的应对策略。

三、研究意义

本研究能为我国养老保障体系的理论研究者和政策制定者提供决策参考，有利于优化和完善我国住房反向抵押贷款运行模式和推广策略。

（一）理论意义

在人口老龄化加剧、养老金缺口不断增大的情况下，如何寻找有效的方式缓解即将到来的“养老危机”成为摆在政府和政策制定者面前的一道难题。住房反向抵押贷款是目前国际比较流行的“以房养老”模式，它是老年人利用自有居住的住房资产获取现金流入的一种新型金融工具，老年人以拥有产权的住房做抵押，向金融机构借款用于养老，同时老年人仍然保留房屋的居住权，它利用人的自然生命和住房使用寿命的差异，把老年人未来住房的余值提前予以贴现，用以弥补养老期间的收入不足，使人们的财富能够在其一生中得到尽可能合理配置，使房屋的效用达到最大化。生命周期消费模型是住房反向抵押贷款模式的内在机理，该理论模型认为理性的人一般会在其劳动工作期间积累资产财富，然后可以在退休期间消费这些积累的资产，以期满足生命周期内的效用最大化。很多国内外学者基于生命周期消费模型，从宏观社会福利角度对反向抵押贷款经济有效性进行了推理论证，认为住房反向抵押贷款对个体生命周期内的福利效用以及社会总体福利有着显著提升作用。①②③

尽管相关理论已经表明，住房反向抵押贷款模式是养老保障体系的有益补充，但在我国的实践中住房反向抵押贷款的发展并不尽如人意，老年人需求意愿不强，实际签约率较低，住房反向抵押贷款模式在我国仍旧处于探索发展阶段。纵观近几年我国住房反向抵押贷款模式的运行实践，影响我国住房反向抵押贷款有效推行的因素有很多，例如传统文化的约束、政策支撑体系的不完备、金融市场的不完善、房地产市场的不稳定等。但是，相比较外部宏观环境影响，我国老年人微观需求意愿是决定住房反向抵押贷款模式成功与否的关键因素。

国内外相关研究显示，行为决策因素是家庭资产配置决策的重要约束因素，会显著影响家庭消费倾向和金融决策效率，导致金融市场"有限参与"的非理性行为，而老年人参与住房反向抵押贷款就属于重要的家庭资产配置决策，微观行为因素会对住房反向抵押贷款需求决策产生重要影响。但目前我国有关住房反向抵押贷款模式的理论探讨，更多是金融机构视角下的产品定价或风险管理、以及宏观环境视角下的可行性分析，鲜有从老年人微观需求行为视角，深入分析住房反向抵押贷款模式有效运行的约束机制。

因此，本研究首先结合生命周期理论、跨期决策模型和行为决策理论，理论论证和模拟分析了我国老年人参与住房反向抵押贷款的需求决策行为，并有效识别了遗赠动机对我国住房反向抵押贷款有效需求的行为约束机制。然后，通过调研数据实证检验了遗赠动机对我国住房反向抵押贷款需求意愿的约束作用及其影响路径，有助于对我国住房反向抵押贷款市场"有效需求不足"现象做出新的理论解释，也有助于根据我国老年人需求行为的关键约束因素，优化和完善我国住房反向抵押贷款模式有效运行的理论模型，对探究新型养老保障模式具有重要理论价值。

---

① Fischer M, Stamos M Z. Optimal Life Cycle Portfolio Choice with Housing Market Cycles [J]. Review of Financial Studies, 2013, 26 (9): 2311-2352.

② Nakajima M, Telyukova I A. Reverse Mortgage Loans: A Quantitative Analysis [J]. Journal of Finance, 2017, 72 (2): 911-950.

③ 陈健，黄少安．遗产动机与财富效应的权衡：以房养老可行吗？[J]. 经济研究，2013 (9): 56-70.

（二）现实意义

我国具有根深蒂固的家庭资产遗赠文化，尤其是家庭资产中重要的住房资产。老年人参与住房反向抵押贷款，金融机构将会拥有住房资产的产权，最终通过出售老年人的房屋来收回累计贷款余额，对于老年申请者来说，虽然他们的消费边际效用会增加，但其遗赠边际效用可能会降低，权衡消费和遗赠效用是参与住房反向抵押贷款的需求决策规则。目前国外有关住房反向抵押贷款的行为决策研究，并未充分考虑遗赠动机作用机理。Chiang 等（2016）①、Nakajima 和 Telyukova（2017）② 在住房反向抵押贷款的需求决策的研究中，提及了遗赠动机会影响个人资源配置和需求决策，但并未对此展开充分论证，没有深入考察遗赠动机对需求决策的作用机理。究其原因，主要是由于西方国家的遗产税较高，同时崇尚自由主义，遗产动机的效用影响相对较小。但我国居民由于受传统观念影响较深，遗赠动机对其影响远远大于西方国家。虽然遗赠动机对住房反向抵押贷款需求决策的影响不容忽视，但目前我国学术界从遗赠动机角度考察住房反向抵押贷款需求决策机制的研究并不多见。

本研究从老年人遗赠动机约束机制视角，通过模型构建和实证分析我国老年人参与住房反向抵押贷款模式的需求决策过程，识别和验证了我国住房反向抵押贷款有效需求的主要约束因素及其影响渠道，有助于我国相关决策部门和金融保险机构，深刻认知我国退休居民参与意愿的关键影响因素，制定出适合中国情境的住房反向抵押贷款最优政策和实施策略，促进我国住房反向抵押贷款市场健康发展。另外，国外学者已开始对住房反向抵押贷款的需求行为约束因素进行了经验研究，但是，由于各个国家或地区，在制度环境、社会观念、文化传统等方面差别较大，住房反向抵押贷款有效需求的主要约束机制及其影响渠道有可能存在差异。在中国情境下，具体实证探讨有效需求的关键约束因素及其影响路径，是探索我国住房反向抵押贷款模式有效运行的现实基础。而

① Chiang S L, Tsai M S. Analyzing an elder's desire for a reverse mortgage using an economic model that considers house bequest motivation, random death time and stochastic house price [J]. International Review of Economics & Finance, 2016, 42: 202 - 219.

② Nakajima M, Telyukova I A. Reverse Mortgage Loans: A Quantitative Analysis [J]. Journal of Finance, 2017, 72 (2): 911 - 950.

获取的调研数据有利于积累住房反向抵押贷款运行的中国经验，在实践层面具有重要应用价值。

第二节　研究思路、研究内容与研究方法

一、研究思路

首先，在生命周期理论、家庭资产配置理论和养老保险原理的基础上，从住房反向抵押贷款有效需求不足的现实问题出发，通过构建退休居民跨期效用决策模型，从消费边际效用和遗赠边际效用权衡角度，评估老年人参与住房反向抵押贷款模式的生命期内终身效用变动。并利用我国实际人口与经济数据进行参数模拟，旨在初步识别遗赠动机是否是我国住房反向抵押贷款有效需求的主要约束机制。

其次，选择住房反向抵押贷款推广城市为调研区域，对城市中老年居民的人口特征、家庭环境、住房反向抵押贷款政策评价和改革建议等方面进行实地调研和深入访谈，并根据调研数据实证检验遗赠动机对住房反向抵押养老保险参与意愿的约束影响，有助于验证需求决策理论模型的有效性以及住房反向抵押贷款参与意愿的约束机制。另外，为了考察遗赠动机对住房反向抵押贷款参与意愿的约束影响是否存在异质性差别，进一步根据年龄段、收入水平、职业类别和性别等特征类型进行了样本分组检验。

最后，通过比较美国、韩国等具有代表性的国家或地区住房反向抵押贷款的运作实践，分析和总结这些国家或地区的住房反向抵押贷款运行特征，并结合课题研究结论，有针对性地从金融机构（产品设计、宣传策略、信任机制）、政府部门（完善立法、风险分担、咨询平台、税收政策）等角度，在中国情境下探寻住房反向抵押贷款优化方案，并提出完善我国住房反向抵押贷款运行模式的政策建议。

二、研究内容

本研究分为八章内容逐层深入地开展研究。各章内容具体安排如下：

第一章：绪论。本章首先阐述我国住房反向抵押贷款模式发展背景；其次根据我国住房反向抵押贷款市场有效需求不足现状提出研究问题；再次，根据研究视角和研究方法指出本研究的理论意义和现实意义；最后，论述了本书的研究思路、技术路线和主要研究方法。

第二章：相关理论基础。本章梳理和归纳了遗赠动机的相关概念与类别，并解释了遗赠动机对家庭资产配置决策约束影响机制；另外，也梳理和归纳了住房反向抵押贷款的相关概念、运行原理及其基本特征，为本研究提供基础理论支撑。

第三章：住房反向抵押贷款国内外研究现状。本章首先梳理了国内外住房反向抵押贷款相关研究动态，并确定本研究的研究视角；其次，综合目前有关住房反向抵押贷款需求决策研究提出本研究的边际贡献；最后，梳理和归纳了有关遗赠动机作用机制的研究，并强调基于遗赠动机约束机制探究我国住房反向抵押贷款有效需求不足问题的重要性。

第四章：老年人参与住房反向抵押贷款的需求决策分析。本章首先在生命周期理论、家庭资产配置理论和养老保险原理的基础上，借鉴跨期效用决策模型，创新性地引入遗赠动机约束参数，并结合老年人行为决策因素、住房反向抵押贷款合同条款因素和经济环境因素等相关参数，构建了老年人参与住房反向抵押贷款的生存期内终身效用模型。其次，根据消费边际效用和遗赠边际效用权衡原则，推导和界定住房反向抵押贷款的需求决策规则。最后，根据我国的房价指数、市场利率、最新经验生命表等人口与经济数据，利用 MATLAB 2016b 软件进行数值模拟分析，初步识别遗赠动机对我国住房反向抵押贷款有效需求的主要约束机制。

第五章：遗赠动机对住房反向抵押贷款需求意愿约束影响的实证分析。选择住房反向抵押贷款推广城市为调研区域，对城市中老年居民的人口特征、家庭环境、住房反向抵押贷款政策评价和改革建议等方面进行实地调研和深入访谈，并根据调研数据实证检验遗赠动机对住房反向抵押养老保险参与意愿的约束影响。采取分层选择和随机抽样方法处理实验数据，以住房反向抵押贷款参与意愿为被解释变量，以遗赠动机强度为核心解释变量，并根据相关文献选择中老年人的人口统计、行为因素、家庭结构、居住状况等特征作为控制变量，采用 Ordered - Probit 计量模型进行实证分析，从而验证需求决策理论模型的有效性以及住房反向抵押贷款参与意愿的约束机制。为了考察遗赠动机对住房反向抵押贷款参与意愿的约束影响是否存在异质性差别，进一步根据年龄段、收入水平、职业类别和性别等特征类型进行了样本分组检验。

第六章：社区养老服务与房产税实施对遗赠动机约束影响的缓解效应。本章首先理论阐述了房产税改革与社区养老服务改善对遗赠动机约束影响的缓解作用；其次选择北京和上海的城市中老年居民为对比对象，在实证模型中分别加入遗赠动机与房产税实施的交互项、遗赠动机与社区养老服务满意度的交互项，从而验证房产税实施和社区养老服务是否可以缓解遗赠动机对住房反向抵押养老保险有效需求的约束影响。

第七章：住房反向抵押贷款模式国际借鉴与资产证券化。通过比较美国、韩国等具有代表性的国家或地区住房反向抵押贷款的运作实践，在借鉴国外住房反向抵押贷款资产证券化经验的基础上，对我国的住房反向抵押贷款资产支持证券进行设计，提出了我国经济环境下住房反向抵押贷款资产证券化解决方案，为建设符合我国国情的住房反向抵押贷款资产证券化模式提供理论基础。

第八章：研究总结与政策建议。本章总结了本研究的结论和理论贡献，然后根据有代表性的国家或地区住房反向抵押贷款模式运作实践，有针对性地从金融机构（产品设计、宣传策略、信任机制）和政府部门（完善立法、咨询平台、社区服务）等角度，在中国情境下提出我国住房反向抵押贷款有效运行的优化策略。

三、研究方法

本研究基于生命周期理论、保险精算原理、跨期－消费效用理论等研究方法，建模分析了我国老年人参与住房反向抵押贷款的需求决策行为，并结合实地调研、管理实证等研究方法考察了遗赠动机对我国住房反向抵押贷款需求决策的影响机制，主要研究方法如下：

（一）保险精算方法和数值模拟分析

通过保险精算方法分别对无赎回权和嵌入赎回权的住房反向抵押贷款进行定价，并根据我国的房价指数、市场利率、最新经验生命表等人口与经济数据，利用 MATLAB 2016b 模拟计算我国老年人申请住房反向抵押贷款后，在剩余生命期内可以获取的期望年金。

（二）跨期－消费效用模型和数值模拟分析

在生命周期理论、家庭资产配置理论和养老保险原理的基础上，借鉴跨期－消费效用决策模型，创新性地引入遗赠动机约束参数，结合老年人行为决策因素、住房反向抵押贷款合同条款因素和经济环境因素等相关参数，构建了老年人参与住房反向抵押贷款的生存期内终身效用模型。并根据消费边际效用和遗赠边际效用权衡原则，在追求生命周期内期望效用最大化原则下，推导出老年人参与住房反向抵押贷款的行为决策规则。然后，根据我国的房价指数、市场利率、最新经验生命表等人口与经济数据，利用 MATLAB 2016b 软件进行数值模拟分析以及关键参数敏感性测试，初步识别遗赠动机对我国住房反向抵押贷款有效需求的约束机制。

（三）基于实地访谈和调研问卷的实证分析

本书选择了住房反向抵押贷款试点城市为调研区域，对城市老年居民的人口特征、家庭环境、住房反向抵押贷款政策评价和改革建议等方面进行实地调研和深入访谈。采取分层选择和随机抽样方法处理调研数据，以住房反向抵押贷款需求意愿为被解释变量，以遗赠动机强度为核心解释变量，并根据相关文献选择人口统计、家庭结构、居住状况等特征变量作为控制变量，通过 Ordered－Probit 模型，利用 Stata 15.0 计量软件进行实证分析，从而验证遗赠动机对住房反向抵押贷款需求决策的约束影响机制。

第三节 研究技术路线图

本研究总体上遵循了“基础理论→机制识别→实证检验→缓解实验→优化对策”的研究思路，图 1－1 给出了本研究的技术路线：

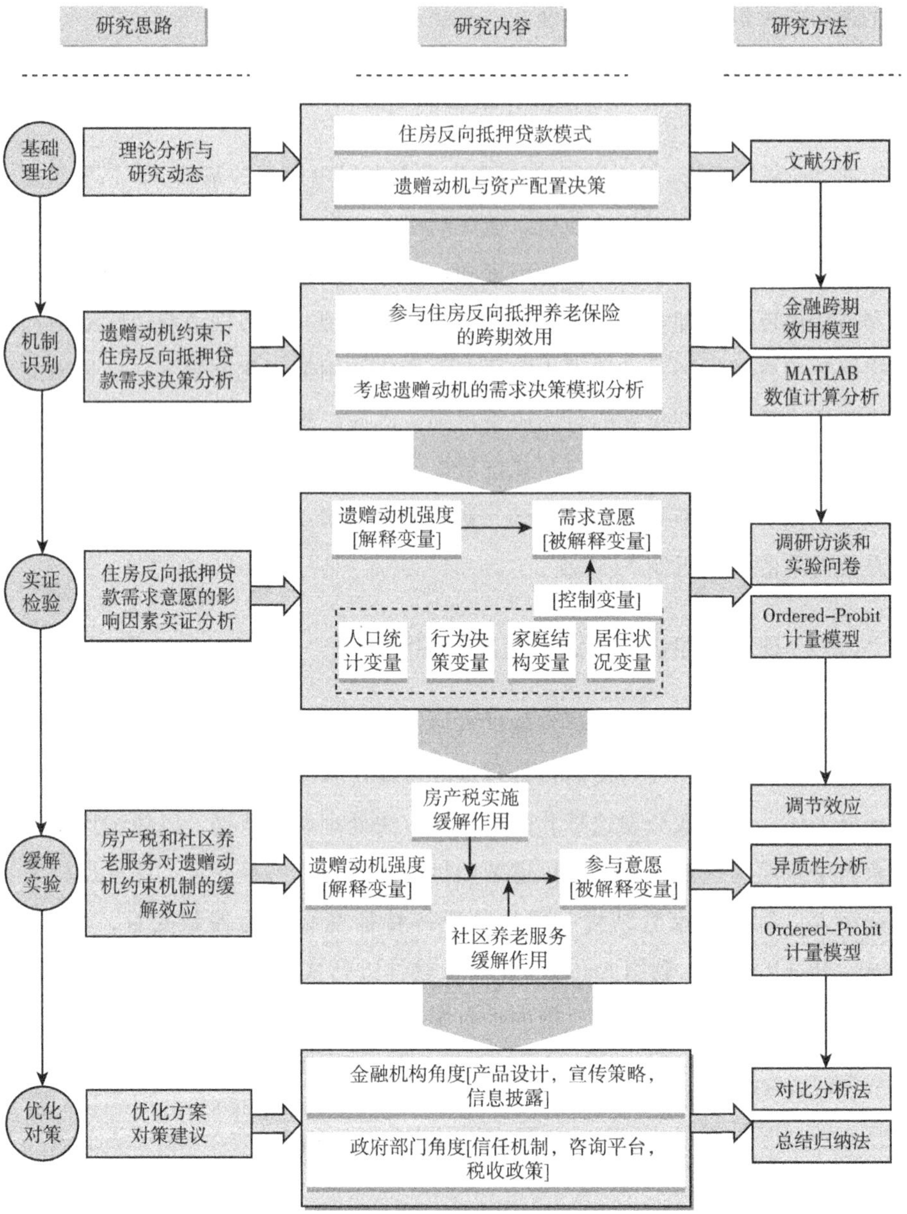
研究思路
研究内容
研究方法
基础理论
理论分析与研究动态
住房反向抵押贷款模式
遗赠动机与资产配置决策
文献分析
机制识别
遗赠动机约束下住房反向抵押贷款需求决策分析
参与住房反向抵押养老保险的跨期效用
考虑遗赠动机的需求决策模拟分析
金融跨期效用模型
MATLAB数值计算分析
实证检验
住房反向抵押贷款需求意愿的影响因素实证分析
遗赠动机强度[解释变量]
需求意愿[被解释变量]
[控制变量]
人口统计变量
行为决策变量
家庭结构变量
居住状况变量
调研访谈和实验问卷
Ordered-Probit计量模型
缓解实验
房产税和社区养老服务对遗赠动机约束机制的缓解效应
房产税实施缓解作用
遗赠动机强度[解释变量]
参与意愿[被解释变量]
社区养老服务缓解作用
调节效应
异质性分析
Ordered-Probit计量模型
优化对策
优化方案对策建议
金融机构角度[产品设计，宣传策略，信息披露]
政府部门角度[信任机制，咨询平台，税收政策]
对比分析法
总结归纳法

图 1－1　技术路线图

第四节 研究的创新性

尽管相关理论已经表明，住房反向抵押贷款模式是养老保障体系的有益补充，但在我国的实践中住房反向抵押贷款的发展并不尽如人意，老年人需求意愿不强，实际签约率较低，住房反向抵押贷款模式在我国仍旧处于探索发展阶段。纵观近几年我国住房反向抵押贷款模式的运行实践，影响我国住房反向抵押贷款有效运行宏观因素有很多。但是，相比较外部宏观环境影响，我国老年人微观需求意愿是决定住房反向抵押贷款模式可持续发展的关键所在。本研究的创新点如下：

第一，国内外相关研究显示，行为决策因素是居民家庭资产配置决策的重要约束因素，会显著影响家庭消费倾向和金融参与决策，而老年人参与住房反向抵押贷款模式就属于重要的家庭资产配置决策，微观行为因素也会对住房反向抵押贷款需求决策产生重要影响。但目前我国有关住房反向抵押贷款模式的理论探讨，更多是金融机构视角下的产品定价和风险管理以及宏观环境视角下的可行性分析，鲜有从老年人的微观需求行为视角，深入分析住房反向抵押模式有效运行的限制因素。因此，本研究根据跨期－消费效用决策模型，模拟分析了遗赠动机对住房反向抵押贷款需求决策的行为约束机理，有助于完善我国住房反向抵押贷款有效运行的理论模型。

第二，目前有关遗赠动机的经验研究，更多是应用在家庭消费－储蓄决策的研究领域。相关研究也已经表明：遗赠动机的存在是老龄人口财富消费的重要约束因素，会显著降低退休居民边际消费倾向和金融资产配置比例。而参与住房反向抵押贷款模式，同样会间接影响老年人的家庭资产配置决策，但是，有关住房反向抵押贷款需求意愿经验研究仍然较少，疏于实证探究遗赠动机对住房反向抵押贷款需求意愿的约束影响。

第三，在东亚国家，尤其是在中国，居民受传统儒家思想影响深刻，遗赠动机的形成机制更为复杂，老年居民不但具有较强利己遗赠动机（战略性遗赠动机），还会表现出较强利他遗赠动机，但是目前学术界从利己、利他等不同类型遗赠动机角度，考察住房反向抵押贷款需求意愿约束影响的经验研究更加不多见。基于此，本研究创新性地从利己和利他心理引致的遗赠动机影响机制进行构建，并根据我国住房反向抵押贷款试点城市的老年居民调研数据，实证研究了“利己遗赠动机”和“利他遗赠动机”对住房反向抵押贷款有效需求的约束机制，有利于住房反向抵押贷款的政策制定者和金融机构供给者，充分认知老年人需求意愿的关键影响因素，进一步优化和完善我国住房反向抵押贷款的运行模式。

第二章 相关理论基础

第一节 遗赠动机概念解析

一、遗赠动机的定义

遗赠动机（又称遗产动机）一般指家庭中前一代无偿将其累积财富无条件转移到下一代的内在动机，它被视为一种代际联系的传播媒介。[①] 老年人在生命周期末期通常拥有一定财富，并有可能留下遗产。因此，遗赠动机研究无论是从宏观经济财富配置，还是从家庭成员行为来看，都具有重要影响价值。[②] Becker（1974）[③] 更倾向于以利他主义解释遗赠动机，他认为子女是父母生命的延续，父母为了确保子女能够幸福生活，会无私地将财富赠予他们。特别是在我国传统文化的影响下，许多人认为财产本来就应由子女继承。Kopczuk 和 Lupton（2007）[④] 通过构建生命周期模型发现，在社会成员中约有70%存在遗赠倾向，这些倾向于遗赠的老年人会将大约80%的财富转让给子女。侯蕾等（2021）[⑤] 在中国家庭金融数据调查基础上发现，90%以上的城镇家庭具有遗赠动机。因此，在我国的“养儿防老”传统观念的影响下，子代对父代的财富继承将受到影响，老年人的遗赠动机促使他们以合法方式将自己

---

① Barro R J. Are Government Bonds Net Wealth? [J]. Journal of Political Economy, 1974, 82.

② 李兵，姚远，杜鹏等．遗产动机经济学：理论、经验分析及政策意义［J］．市场与人口分析，2005（S1）：33－38.

③ Becker, G S. A Theory of Social Interactions [J]. Journal of Political Economy, 1974, 82 (6): 1063－1093.

④ Kopczuk W, Lupton J P. To Leave or Not to Leave: The Distribution of Bequest Motives J. The Review of Economic Studies, 2007, 74 (1).

⑤ 侯蕾，杨欣桐，李奇．中国城镇家庭的遗产动机：基于微观家庭金融数据的估计［J］．世界经济，2021，44（5）：79－104.

一生储蓄的财富遗赠给后代子孙，这不仅影响家庭资产财富配置，还对家庭的储蓄和消费产生影响，家庭内的遗赠动机促使财富在代际关系成员之间流动，并引起家庭财富的变化。[①]

二、遗赠动机的类型

遗赠动机的存在是一系列主观和客观因素综合影响的结果。主观因素包括社会风尚、传统文化以及个人意愿等，而客观因素包括自身经济实力等。遗赠动机可以分为三个类型：利他遗赠动机、策略遗赠动机和偶然遗赠动机（如表 2 - 1 所示）。

表 2 - 1　　遗赠动机的类型

类型	内容	来源
利他性遗赠动机 Altruistic Bequest Motive	利他的父母为了子女的消费效用而储蓄资产并无偿赠予	Becker（1974），Blinder（1975）等
策略性遗赠动机 Strategic Bequest Motive	父母用自己的资产与子女的养老服务进行交换	Bernheim（1985），Horioka（2016）等
偶发性遗赠动机 Accidental Bequest Motive	无计划性的遗产赠予	Davies（1981），Hurd（1987）等

利他遗赠动机模型是由 Becker（1974）[②] 首次提出的，该模型强调了父母的期望效用在一定程度上取决于子女期望效用。这是因为父母倾向于将有利资源无偿赠予子女。利他遗赠动机指的是年长一代将自己一部分的收入和财富留给下一代的经济行为，体现了年长一代对未来一代福利的关心和无私奉献。它在家庭内部起到了世代连接的纽带作用，也是家族延续的重要影响因素。Blinder（1975）[③] 在生命周期模型引入利他遗赠动机，并研究证实个体在生命

① 许哲．遗产动机对中国老年家庭消费的影响［D］．曲阜师范大学，2022.

② Becker，G S. A Theory of Social Interactions［J］．Journal of Political Economy，1974，82（6）：1063 - 1093.

③ Blinder A S. Distribution and the Aggregate Consumption Function［J］．Journal of Political Philip Economy，1975，83（3）.

周期末期并不会将积累的财富全部消耗，而是以不求回报方式赠与子女。Hurd和Smith（2002）[①] 也证实家庭存在利他遗赠动机的倾向，父母会将自己的财富遗赠给子女，尤其是那些不富裕的子女。张诚和唐成（2021）[②] 调查了不同生活状况家庭研究发现：拥有体制外工作子女和教育水平较低子女的家庭，其家庭储蓄率较高，这也表明了中国家庭具有较强利他遗赠动机倾向。综上所述，利他遗赠动机强调的是上一代将积累的财富无偿转移给下一代的意愿。

策略遗赠动机，也被部分学者称为利己遗赠动机或交换遗赠动机，指的是遗赠财产的行为是一代与另一代之间明确或隐含的契约结果。[③] 在策略遗赠动机中，遗赠行为明显具有利己主义色彩，目的是日后获得回报，通过无偿转让财产来交换受赠人的关心和照顾。这种遗赠行为类似于商品交换，以遗产来影响接受者的行为。Bemmheim等（1985）认为父母的遗赠财产行为是为了获得子女的关注和未来的养老保障，并且发现遗产继承额与子女探访次数和数量之间呈显著正相关关系，这支持了策略遗赠动机的观点。Horioka（2016）[④] 也考虑了遗赠动机中利他行为和利己行为的影响，他认为：日本老人对子女的利他程度较低，对子女的依赖程度也较低，因此日本的遗赠动机受到文化和社会规范的影响较小。Alms等（2019）[⑤] 也考虑了遗赠动机中利己行为的影响，研究发现：父母的遗赠和子女的援助之间存在代际交换的影响，预期的遗赠增加与家庭储蓄的提高以及对子女援助之间呈正相关关系，其中房屋价值即住房财富是推动利己遗赠动机的重要动力。

偶然遗赠动机是指在个人财富积累过程中，并没有明确意图留下遗产，而是出于面对未来生活后期的不确定性（如退休费用、疾病或灾害）而进行财

① Hurd M D, Smith J P. Expected Bequests and Their Distribution [J]. Working Papers, 2002.

② 张诚，唐成．遗产动机对中国老年家庭储蓄率的影响［J］．人口与经济，2021（2）：57－70.

③ Bernheim B D. A Shleifer and LH Summers [J]. The strategic bequest motive. Journal of Political Economy, 1985, 93 (6): 1045－1076.

④ Horioka C Y. Are the Japanese Unique? Evidence from Household Saving and Bequest Behavior [J]. AGI Working Paper Series, 2016.

⑤ Alms I, Freddi E, Thgersen Y. Saving and Bequest in China: An Analysis of Intergenerational Exchange [J]. Economica, 2020. 87 (345): 249－281.

富积累。由于个人剩余生命时期的不确定性以及死亡时间的无法预测性，消费者可能在去世时尚未完全消耗其积累的财富。Davies（1981）[①] 从不确定性的角度证实了遗产动机的偶然性。法律的存在和个体寿命不确定性导致子女继承未消耗的财富，并非父母事先策划的行为，之前积累财富的目的是满足父母自身的消费需求。因此，根据这种动机进行遗赠完全是意外的，因此也被称为无意识动机。在个体生命周期内，并未考虑具体的遗赠安排，只有在意外死亡时才会留下遗产。虽然个体有可能在去世之前消耗其所有资产，但由于死亡日期的不确定性，他们在去世时仍有剩余财产，从而留下一部分遗产。相对于其他遗产动机，这种动机是偶然和不确定的。[②]

三、我国遗赠动机特征

相较西方国家，中国家庭内部展现出明显利他遗赠动机行为，这一现象主要是受到传统儒家文化的影响。[③] 中国父母与成年子女之间的经济关系更为紧密，为子女或后代提供经济支持并积累一定程度的遗产，是中国父母勤奋工作的重要原因之一。虽然其中存在一定的代际交换目的，但利他主义成为主要权衡因素。[④] 李奕丰（2020）[⑤] 的研究也表明，在我国居民财富代际转移行为中，父代遗赠动机表现出较高利他主义倾向。张熠和卞世博（2015）[⑥] 也指出：随着我国社会养老保险体系发展，中国代际遗赠行为并未减少，这与利己（交换）遗赠动机理论的预测相悖。综合现有文献，利他遗赠动机是中国家庭财富代际转移的主要驱动因素。

---

① Davies J B. Uncertain Lifetime, Consumption, and Dissaving in Retirement [J]. Journal of Political Economy. 1981, 89: 561 – 577.

② 李兵，姚远，杜鹏等. 遗产动机经济学：理论、经验分析及政策意义 [J]. 市场与人口分析，2005 (S1): 33 – 38.

③ 贾俊雪，郭庆旺，宁静. 传统文化信念、社会保障与经济增长 [J]. 世界经济，2011, 34 (08): 3 – 18.

④ 刘畅，冀云阳. 我国开征遗产税的收入分配效应 [J]. 财经问题研究，2016 (3): 57 – 63.

⑤ 李奕丰. 中国家庭代际支持的动机研究 [D]. 四川省社会科学院，2020.

⑥ 张熠，卞世博. 遗产税、民生财政与中国经济结构转型 [J]. 财经研究，2015, 41 (1): 4 – 20.

第二节 遗赠动机约束机制与家庭资产配置决策

目前国内外有关遗赠动机影响机制的探究，更多的是应用在家庭资产配置决策研究领域。不同生命周期的个体会受到遗赠动机的影响，特别是拥有子女的中老年群体，当子女的数量增加或者拥有更多子女时，中老年群体会为了满足子女的需求而进行财富储备，从而表现出较高家庭资产储蓄率（较低边际消费倾向）。

国外学者，Kopczuk 和 Lupton（2007）①、Alonsocarrera 等（2010）②、Lockwood（2012）③ 理论研究认为遗赠动机会显著影响个人的消费与储蓄行为，从而改变其风险资产配置比重。在家庭资产行为决策实证研究上，Hamaaki 等（2019）④、Suari - Andreu 等（2019）⑤ 有效测度了居民遗赠动机强度，并利用居民调查数据，证实遗赠动机显著降低了居民消费倾向和家庭风险资产配置比例。而 Niimi 和 Horioka（2019）⑥ 也进一步验证遗赠动机约束机制是老年人财富消费减缓的重要成因之一。

国内学者，吴卫星等（2016）⑦ 采用中国居民家庭微观调查数据调查了家

① Kopczuk W, Lupton J. To Leave or Not to Leave: The Distribution of Bequest Motives [J]. Review of Economic Studies, 2007, 74 (1): 207 - 235.

② Alonsocarrera J, Caballé J, Raurich X. Aspirations, Habit Formation, and Bequest Motive [J]. Economic Journal, 2010, 117 (520): 813 - 836.

③ Lockwood L M. Bequest Motives and the Annuity Puzzle [J]. Review of Economic Dynamics, 2012, 15 (2): 226 - 243.

④ Hamaaki J, Hori M, Murata K. The intra - family division of bequests and bequest motives: empirical evidence from a survey on Japanese households [J]. Journal of Population Economics, 2019, 32 (1): 309 - 346.

⑤ Suari - Andreu E, Alessie A, Angelini V. The retirement - savings puzzle reviewed: The role of housing and bequests [J]. Journal of Economic Surveys, 2019, 33 (1): 195 - 225.

⑥ Niimi Y, Horioka C Y. The wealth decumulation behavior of the retired elderly in Japan: The relative importance of precautionary saving and bequest motives [J]. Journal of the Japanese and International Economies, 2019, 51 (3): 52 - 63.

⑦ 吴卫星，李雅君. 家庭结构和金融资产配置——基于微观调查数据的实证研究 [J]. 华中科技大学学报（社会科学版），2016，30 (2): 57 - 66.

庭结构代际关系对居民资产配置决策的影响。项有义和漆亮亮（2011）[①]、胡德宝（2012）[②]、景珮和李秀芳（2013）[③] 研究认为遗赠动机是我国居民消费储蓄决策、边际消费倾向、人寿保险投资决策等行为的重要约束因素。赵向琴（2015）[④] 将遗赠动机引入代际收入转移下的家庭消费－储蓄决策中，讨论了遗产动机下家庭在消费、投资和保险的最优支出结构。单戈和王晓军（2018）[⑤] 认为遗赠动机能够解释我国居民养老年金有效需求不足的成因。在家庭金融行为决策实证研究上，张诚和唐成（2021）[⑥]、陈莹等（2023）[⑦] 根据中国家庭金融调查数据（CHFS）证实我国居民具有较强遗赠动机，其显著增加居民储蓄率，从而降低了居民消费倾向和购买养老保险需求意愿。

中国家庭住房资产占家庭总资产的77.7%[⑧]，住房资产在家庭财富配置决策中发挥着重要作用，而随着过去几年中国房价过快上涨，居民预期住房财富效应逐渐增强，因此，住房资产成为我国家庭财富积累和代际转移的重要纽带，加剧了住房遗赠动机对住房资产配置效率的约束影响。可以看出，遗赠动机是影响我国家庭资产配置决策的重要行为约束因素。

第三节　住房反向抵押贷款基础理论

一、住房反向抵押贷款相关概念

住房反向抵押贷款（以房养老模式之一）最早起源于荷兰，后因美国特

---

① 项有义，漆亮亮．基于遗赠动机视角的遗产税经济分析［J］．税务研究，2011（03）：54－56.

② 胡德宝．中国城镇居民的消费行为及储蓄动机研究［J］．中国软科学，2012（10）：1－8.

③ 景珮，李秀芳．基于连续时间金融理论人寿保险需求问题探究［J］．南开经济研究，2013（01）：91－103.

④ 赵向琴．预期寿命延长、遗赠动机和风险资产配置［J］．厦门大学学报（哲学社会科学版），2015（04）：121－133.

⑤ 单戈，王晓军．养老资产年金化谜题：风险决策下的年金化价值比较［J］．统计与信息论坛，2018，33（6）：78－87.

⑥ 张诚，唐成．遗产动机对中国老年家庭储蓄率的影响［J］．人口与经济，2021（02）：57－70.

⑦ 陈莹，孔祥钊，赵桂芹．遗赠动机与多层次养老保险参与：抑制还是促进？［J］．保险研究，2023（03）：70－86.

⑧ https：//www. sohu. com/a/662658829_121677271.

别参议院的退休政策报告中提出住房反向抵押贷款模式而日渐完善，住房反向抵押贷款是指老年人通过对自有住房实行反向抵押贷款而获得稳定的收入，并同时保留自己对房屋的居住权，这种方式又被称为“住房反向抵押贷款”或者“倒按揭”，长期以来在美国、欧洲、日本、韩国、新加坡等国家或地区广泛使用。[①]

住房反向抵押贷款是指拥有房屋产权的老年人将房屋产权抵押给金融机构，由相应的金融机构对借款人的年龄、预期寿命、房屋的现值、未来的增值折旧等情况进行综合评估后，将其房屋的价值化整为零，按月或按年支付现金给借款人，一直延续到借款人去世。[②] 然而，由于未来的不确定性，住房反向抵押贷款是一种具有长期风险的金融产品，在住房反向抵押贷款的运作过程中，金融机构面临着房价下跌，利率上涨，贷款人寿命延长等多种风险。[③] 如果这些风险没有得到合理的评估，会导致住房反向抵押贷款运行模式的有效性显著下降。因此，先前国外的研究主要集中在金融机构的风险评估和产品定价问题。Chinloy 和 Megbolugbe（1994）[④]、Mitchell 等（2004）[⑤] 最先分析了住房反向抵押贷款支付计划及其相关风险，为住房反向抵押贷款定价模型奠定了理论基础。Yang（2011）[⑥] 评估了长寿风险对住房反向抵押贷款产品定价和风险管理的影响，优化了住房反向抵押贷款理论模型。而 Lee 等（2012）[⑦] 则重点考虑了房价波动和利率变动对住房反向抵押贷款定价的影响，从而使定价模型

① 班晓娜，李东阳．美国住房反向抵押贷款养老模式及其启示［J］．北京航空航天大学学报（社会科学版），2015，28（1）：17－23．

② 柴效武．反向抵押贷款风险与防范［M］．杭州：浙江大学出版社，2008．

③ 王伟，高雅．住房反向抵押贷款养老模式的国际经验与启示［J］．金融与经济，2016（2）：60－63．

④ Chinloy P，Megbolugbe I F. Reverse Mortgages：Contracting and Crossover Risk［J］. Real Estate Economics，1994，22（2）：367－386.

⑤ Mitchell O S，Piggott J，Bhuyan V. Unlocking Housing Equity in Japan［J］. Journal of the Japanese & International Economies，2004，18（4）：466－505.

⑥ Yang S S. Securitisation and Tranching Longevity and House Price Risk for Reverse Mortgage Products［J］. Geneva Papers on Risk & Insurance Issues & Practice，2011，36（4）：648－674.

⑦ Lee Y T，Wang C W，Huang H C. On the valuation of reverse mortgages with regular tenure payments［J］. Insurance Mathematics & Economics，2012，51（2）：430－441.

和产品设计在应用实践中更加适应不确定的经济环境。在此基础上，Shao 等（2015）① 综合考虑了房价、利率、长寿风险等因素对住房反向抵押贷款的影响，进一步对定价模型进行了修正，从而能更有效地评估住房反向抵押贷款的金融产品价值。另外，Pu 等（2014）② 和 Tsay 等（2014）③ 则认为住房反向抵押贷款运营期间具有一定的期权特征，于是从期权角度研究了住房反向抵押贷款产品设计和定价理论，拓展了住房反向抵押贷款模式的研究方法。

住房反向抵押贷款模式引入我国以来，国内学者借鉴国外研究成果，对我国住房反向抵押贷款定价模型也进行了探索。例如，柴效武（2013）④ 根据我国的经济环境对住房反向抵押贷款精算定价模型进行了优化。而张茜等（2013）⑤ 则充分考虑了我国房地产市场状况和老龄化特征，研究了动态住房反向抵押贷款定价模型。同时，陈秉正等（2014）⑥ 也研究了嵌入无追索权条款的住房反向抵押贷款产品设计，并基于期权定价分析视角，对我国住房反向抵押贷款期权价值进行了模拟分析。可见，国内外有关住房反向抵押贷款风险评估、模型定价和产品设计的成果颇丰。我国相关学者开始借鉴发达国家先进经验，分别从制度建设、法律环境、运作机制等方面提出具体政策建议。例如，曹强等（2014）⑦ 则认为我国的传统文化、房地产市场以及区域经济水平存在差异，建议政府应该采取渐进式和差异化的推广政策。而张建伟和韩

① Shao A W, Hanewald K, Sherris M. Reverse mortgage pricing and risk analysis allowing for idiosyncratic house price risk and longevity risk [J]. Insurance Mathematics & Economics, 2015, 63: 76 - 90.

② Pu M, Fan G Z, Deng Y. Breakeven Determination of Loan Limits for Reverse Mortgages under Information Asymmetry [J]. Journal of Real Estate Finance & Economics, 2014, 48 (3): 492 - 521.

③ Tsay J T, Lin C C, Prather L J, et al. An approximation approach for valuing reverse mortgages [J]. Journal of Housing Economics, 2014, 25: 39 - 52.

④ 柴效武. 基于年金支付的反向抵押贷款产品定价 [J]. 徐州工程学院学报（社会科学版），2013, 28 (2): 31 - 38.

⑤ 张茜，任燕燕. 动态住房反向抵押贷款定价模型的构建与实证分析 [J]. 云南社会科学，2013 (2): 19 - 23.

⑥ 陈秉正，秦鹏，邓颖璐. 具有赎回选择权的住房反向抵押贷款定价 [J]. 投资研究，2014 (5): 97 - 109.

⑦ 曹强，张宇，虞文美. “以房养老”模式的影响因素研究——基于我国 20 个城市经济指标分析 [J]. 北京邮电大学学报（社会科学版），2014, 16 (6): 71 - 80.

青（2014）[①]、侯玲（2016）[②] 则认为在我国法制环境不健全、金融市场不完善和配套机制缺位等是开展住房反向抵押贷款主要障碍因素，主张营造规范、有序的市场环境。陈健和黄少安（2013）[③] 则通过生命周期财富效应模型考察了我国住房反向抵押贷款模式的可行性，并提出适当试点开征遗产税、稳定住房市场将有助于住房反向抵押贷款模式的实现。总之，目前我国学者也开始对住房反向抵押贷款的运行实践进行了初步的探索。

二、住房反向抵押贷款运作原理

住房反向抵押贷款是指需要资金的老年人将持有的房屋抵押给银行或保险公司等金融机构，金融机构将支付一笔现金、定期支付年金或建立随时可动用的信用额度给老年人，直到老年人去世以后房屋产权归金融机构所有。住房反向抵押贷款不但使老年人继续拥有房屋的居住权，同时还能获得房产的现金价值，因此极大地提升了老年人资产的流动性，有助于提高其每期可支配收入和生活质量。住房反向抵押贷款是一种带有终身居住保障的养老金融产品，此外还具有居住保障、延迟偿还和无追索权的特征（见表 2-2）。可在保障老年人退休后不改变居住环境的同时，将非流动性房屋资产转化为可流动性资产，使老年人家庭资产结构多样化。

表 2-2　住房反向抵押贷款基本特征

特征	内容
居住保障	生存期间内，借款人享受养老年金的同时仍然具有房屋居住权、租赁权、维护权等相关处置权利
延迟偿还	生存期间内，借款人不需要向金融机构偿还任何利息或本金；在未来，借款人和配偶都去世时，金融机构将拥有房屋产权，并以最高市场价格出售住房，出售款项将用于偿还固定的本金和利息

① 张建伟，韩青．发展住房反向抵押养老保险的宏观策略分析［J］．城市发展研究，2014，21（6）：73-79.

② 侯玲．制度保障下住房反向抵押贷款运作机制研究［J］．经济论坛，2016（2）：53-57.

③ 陈健，黄少安．遗产动机与财富效应的权衡：以房养老可行吗？［J］．经济研究，2013（9）：56-70.

续表

特征	内容
无追索权	如果未来住房价款高于本息总额，则在清算债务之后，借款人仍将获得剩余差额；如果未来住房价款不足以偿还债务，借款人无须支付任何其他款项，金融机构将承担价款低于本息总额的风险（例如房价发生大幅下跌）
赎回权	在未来借款人的子女偿还债务后也可以赎回住房资产

从老年人需求角度来说，住房反向抵押贷款为老年房主提供了一种提前贴现其住房余值进行养老的金融机制，使得老年人获得养老资金的同时不必搬出或出售住房，使他们可以稳定地获得几乎没有风险的生活资金，因此住房反向抵押贷款是一种为无固定收入老年人提供养老资金的金融产品。与传统抵押贷款不同，住房反向抵押贷款具有无追索权条款，不要求老年人在房屋抵押担保的情况下偿还贷款，累积本金和利息按照到期出售房屋价格偿还。无论房价、利率等市场因素如何变化，老年人可以继续拥有或使用相关房屋。如果房价超过贷款总价值，老年人可以终止住房反向抵押贷款合同；如果贷款总价值额超过房价，老年人的债务只限于房屋价值的范围。从图 2－1 可以看出，在抵押贷款中，借款人的权益增加，债务随着时间的推移而减少，而在反向抵押贷款，借款人的权益减少而债务逐渐增加。在图 2－1 中，T_0表示抵押贷款购买房产的年龄，T_1表示退休的年龄，T_2表示住房反向抵押贷款合同终止的年龄。

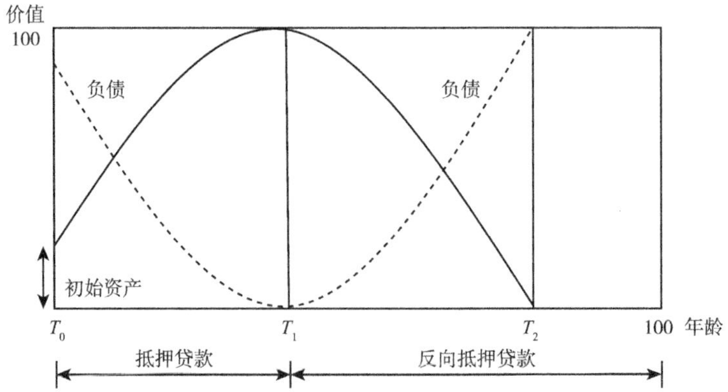

图 2－1　抵押贷款和反向抵押贷款的特征比较

关于住房反向抵押贷款模型的原理主要来源于 Chinloy 和 Megbolugbe（1994）[①]以及 Mitchell 等（2004）[②] 的相关研究。在他们的研究中使用了美国的经验生命表来预计模型中的死亡概率，并假设房价服从几何布朗运动（GBM），从而考虑了房价变动因素对模型的影响。在这种假设下，住房反向抵押贷款定价模型要求贷款预期损失的总现值小于或等于预期收益的总现值，其公式如下：

$$\sum_{t=0}^{T(x)} \frac{E[LOSS(t)]}{(1+i)^t} \leqslant \sum_{t=0}^{T(x)} \frac{E[MIP(t)]}{(1+i)^t} \tag{2-1}$$

其中，$LOSS(t)$ 是 t 时刻的损失；i 表示在计算现值使用的折现率；$MIP(t)$ 是在 t 时刻的收益；$T(x)$ 表示 x 年龄的借款人到达限制年龄（100）的剩余时间；$E[MIP(t)]$ 是在 t 时刻收益的预期值，可以采用 t 时刻的保费收益和存活率 $S(t)$ 计算（预期损失 $E[LOSS(t)]$ 可以使用反向抵押在 t 时刻的终止概率和预期的损失来计算），公式如下：

$$E[MIP(t)] = S(t)MIP(t) \tag{2-2}$$

那么，参考 Ma 和 Deng（2006）[③] 的研究，老年人申请住房反向抵押贷款所能获得的贷款总额应该与其房产未来期望售价的现值相等。换言之，当贷款归还时，房产具有一个期望市场价值，将该期望价值贴现到现在，得出的金额即是老年申请者所能得到的贷款总额。由于住房反向抵押贷款的运营周期长，不确定性高，因此确定住房反向抵押贷款支付总额的关键因素为初始房产价值、借款人预期寿命、贷款期间利率和房价变动率。[④] 那么，老年申请者所能获得的贷款总额（$LSUM$）可以根据以下公式计算：

$$LSUM = \frac{H_0 \prod_{t=1}^{T_a}(1+\mu_t)}{\prod_{t=1}^{Ta}(1+r_t)} \tag{2-3}$$

---

① Chinloy P, Megbolugbe I F. Reverse Mortgages: Contracting and Crossover Risk [J]. Real Estate Economics, 1994, 22 (2): 367 -386.

② Mitchell O S, Piggott J, Bhuyan V. Unlocking Housing Equity in Japan [J]. Journal of the Japanese & International Economies, 2004, 18 (4): 466 -505.

③ Ma S, Deng Y. Insurance Premium Structure of Reverse Mortgage Loans in Korea [J]. Working Paper, 2006.

④ Lee Y T, Wang C W, Huang H C. On the valuation of reverse mortgages with regular tenure payments [J]. Insurance Mathematics & Economics, 2012, 51 (2): 430 -441.

其中，$LSUM$ 为住房反向抵押的贷款总额；H_0为指房产初始价值；T_a为初始年龄为 a 的借款人的预期剩余寿命，μ_t为 t 时期的房价增长率；r_t为 t 时期的市场利率。

另外，金融机构会面临贷款额及应计利息可能超过到期日所收回房产价值的风险，为减少或规避这种风险，在计算一次性贷款总额时需要制定合适的贷款价格比例，即贷款价值比（LTV）。[①] 因此，老年申请者实际所获贷款总额的计算公式可以修正为：

$$LSUM = \frac{H_0 \cdot LTV \cdot \prod_{t=1}^{T_a}(1+\mu_t)}{\prod_{t=1}^{T_a}(1+r_t)} \tag{2-4}$$

三、我国住房反向抵押贷款基本特征

我国住房反向抵押贷款模式，目前推行的是住房反向抵押养老保险形式（如表 2-3 所示），是一种将住房抵押与终身养老年金保险相结合的创新型商业养老保险：即拥有房屋完全合法产权的老年人，将其房产抵押给保险公司（抵押权人），之后继续拥有房屋占有、使用、收益和经抵押权人同意的处置权，并按照约定条件领取养老金直至身故。老年人身故后，保险公司有权依法行使抵押权，抵押房产处置所得将优先用于偿付养老保险相关费用。

表 2-3　我国住房反向抵押贷款（住房反向抵押养老保险）基本特征

序号	条款	具体内容
1	投保人和被保险人	投保人和被保险人为同一人，投保人年龄在 60～85 岁（含），夫妻二人可以共同投保
2	申请条件	投保人至少拥有一套完全合法产权的房产
3	保险期间	终身
4	养老保险金给付形式	月付
5	被保险人对抵押房屋享有的权利	占有、使用、收益和经抵押权人同意的处置权

① Haurin D, Mcgreal S, Adair A, et al. List price and sales prices of residential properties during booms and busts [J]. Journal of Housing Economics, 2013, 22 (1): 1-10.

续表

序号	条款	具体内容
6	房屋处置	被保险人身故后，其继承人可以选择偿付投保人应承担的养老保险相关费用，以赎回保险公司对抵押房屋的权益。否则，保险公司有权选择并委托第三方房产代理机构以适当的价格出售（变卖）合同项下抵押房屋，以偿付投保人应承担的养老保险相关费用
7	我国目前销售机构	中国人民人寿保险股份有限公司、幸福人寿保险股份有限公司

资料来源：https：//baike. baidu. com/item/% E8% 80% 81% E5% B9% B4% E4% BA% BA% E4% BD% 8F% E6% 88% BF% E5% 8F% 8D% E5% 90% 91% E6% 8A% B5% E6% 8A% BC% E5% 85% BB% E8% 80% 81% E4% BF% 9D% E9% 99% A9/56361362？ fr = ge_ala.

第三章 住房反向抵押贷款国内外研究现状

第一节 住房反向抵押贷款的研究动态梳理

一、金融机构视角下住房反向抵押贷款的定价研究

住房反向抵押贷款是指拥有房屋产权的老年人将房屋产权抵押给金融机构，由相应的金融机构对借款人的年龄、预期寿命、房屋的现值、未来的增值折旧等情况进行综合评估后，将其房屋的价值化整为零，按月或按年支付现金给借款人，一直延续到借款人去世。然而，由于预期寿命、房价变动、利率变动的不确定性，住房反向抵押贷款是一种具有长期风险的金融产品，在住房反向抵押贷款的运作过程中，金融机构将面临着房价下跌、利率上涨、贷款人寿命延长、住房维护等多种交叉风险。如果这些风险没有得到合理的评估，会影响金融机构住房反向抵押贷款的有效推行以及住房反向抵押的合理定价。因此，住房反向抵押贷款相关研究，最初主要集中在金融机构的风险评估和产品定价问题。例如，Chinloy 和 Megbolugbe（1994）①、Mitchell 等（2004）②、Ma 和 Deng（2006）③ 最先分析了住房反向抵押贷款支付计划及其相关风险，为住房反向抵押贷款定价模型奠

---

① Chinloy P, Megbolugbe I F. Reverse Mortgages: Contracting and Crossover Risk [J]. Real Estate Economics, 1994, 22 (2): 367 -386.

② Mitchell O S, Piggott J, Bhuyan V. Unlocking Housing Equity in Japan [J]. Journal of the Japanese & International Economies, 2004, 18 (4): 466 -505.

③ Ma S, Deng Y. Insurance Premium Structure of Reverse Mortgage Loans in Korea [J]. Working Paper, 2006.

定了理论基础。Wang 等（2008）[①]、Yang（2011）[②] 评估了长寿风险对住房反向抵押贷款产品定价和风险管理的影响，优化了住房反向抵押贷款理论模型。而 Lee 等（2012）[③]、Haurin 等（2013）[④] 则重点分析了房价波动和利率变动对住房反向抵押贷款定价的影响，从而使理论模型在应用实践中更加适应不确定的经济环境。在此基础上，Shao 等（2015）[⑤] 综合考虑了房价、利率、长寿风险等因素对住房反向抵押贷款的影响，进一步对定价模型进行了修正，从而使其能更有效地评估住房反向抵押贷款的产品价值。另外，Pu 等（2014）[⑥] 和 Tsay 等（2014）[⑦] 则从期权角度研究了反向抵押贷款期权定价模型，拓展了住房反向抵押贷款模型的研究方法。

住房反向抵押贷款概念引入我国以来，国内学者借鉴国外研究成果，对我国住房反向抵押贷款定价模型也进行了探索。例如，柴效武和王卉卉（2010）[⑧]、路静等（2010）[⑨] 对我国住房反向抵押贷款精算定价模型进行了研究。周超（2012）[⑩]、沈红波等（2013）[⑪] 根据我国的经济环境，不断优化和

---

① Wang L, Valdez E A, Piggott J. Securitization of Longevity Risk in Reverse Mortgages [J]. North American Actuarial Journal, 2008, 12 (4): 345 – 371.

② Yang S S. Securitisation and Tranching Longevity and House Price Risk for Reverse Mortgage Products [J]. Geneva Papers on Risk & Insurance Issues & Practice, 2011, 36 (4): 648 – 674.

③ Lee Y T, Wang C W, Huang H C. On the valuation of reverse mortgages with regular tenure payments [J]. Insurance Mathematics & Economics, 2012, 51 (2): 430 – 441.

④ Haurin D, Mcgreal S, Adair A, et al. List price and sales prices of residential properties during booms and busts [J]. Journal of Housing Economics, 2013, 22 (1): 1 – 10.

⑤ Shao A W, Hanewald K, Sherris M. Reverse mortgage pricing and risk analysis allowing for idiosyncratic house price risk and longevity risk [J]. Insurance Mathematics & Economics, 2015, 63: 76 – 90.

⑥ Pu M, Fan G Z, Deng Y. Breakeven Determination of Loan Limits for Reverse Mortgages under Information Asymmetry [J]. Journal of Real Estate Finance & Economics, 2014, 48 (3): 492 – 521.

⑦ Tsay J T, Lin C C, Prather L J, et al. An approximation approach for valuing reverse mortgages [J]. Journal of Housing Economics, 2014, 25: 39 – 52.

⑧ 柴效武，王卉卉．反向抵押贷款产品定价因素影响与实证分析 [J]．学习与实践，2010 (10): 38 – 46.

⑨ 路静，高鹏，董纪昌．基于保险精算的住房反向抵押贷款定价研究 [J]．管理评论，2010，22 (4): 3 – 8.

⑩ 周超．我国住房反向抵押贷款影响因素分析及定价研究 [J]．价格理论与实践，2012 (2): 75 – 76.

⑪ 沈红波，王叙果，路一刘．住房反向抵押贷款的定价模型与风险研究 [J]．财贸经济，2013，34 (6): 53 – 61.

完善了我国住房反向抵押贷款精算定价模型。张茜等（2016）[①]、陈秉正等（2014）[②]、方永恒和叶芬（2017）[③] 则充分考虑了我国房地产市场状况和老龄化特征，基于风险中性角度研究了住房反向抵押贷款保险精算定价模型。同时，马俊海（2014）[④]、周延等（2015）[⑤] 基于期权定价分析视角，对我国住房反向抵押贷款期权价值进行了模拟分析。

可见，国内外有关住房反向抵押贷款风险管理和产品定价的成果颇丰，为住房反向抵押贷款模式在我国有效推行奠定了理论基础。

二、宏观环境视角下住房反向抵押贷款的可行性研究

随着住房反向抵押贷款的推广应用，国外研究对住房反向抵押贷款的可行性进行了论证。Flavin 和 Yamashita（2011）[⑥]、Shan（2011）[⑦]、Chai 等（2011）[⑧] 从社会福利角度，运用生命周期模型验证了住房反向抵押贷款模式能够优化社会资源配置和提高社会福利效应，并且对退休居民的个人生命周期内福利效用也有着显著提升作用。Mitchell 等（2004）[⑨] 通过对日本住房反向抵押贷款市场的研究，发现该模式能在很大程度上提高老年人的消费能力，当政府财政紧张及人口寿命延长时，其在这方面的作用更为显著。

---

① 张茜．反向抵押贷款借款人长寿风险对定价的影响［J］．云南财经大学学报，2016（5）：136－144.

② 陈秉正，秦鹏，邓颖璐．具有赎回选择权的住房反向抵押贷款定价［J］．投资研究，2014（5）：97－109.

③ 方永恒，叶芬．关于以房养老模式风险评价研究——基于可拓理论对西安市以房养老模式的分析［J］．价格理论与实践，2017（09）：156－159.

④ 马俊海．住房养老反向抵押贷款的美式期权特征与蒙特卡罗模拟定价［J］．金融经济学研究，2014（5）：57－69.

⑤ 周延，吕慧娴，汪伟．基于 B－K 模型的住房反向抵押贷款定价研究［J］．上海经济研究，2015（11）：63－71.

⑥ Flavin M，Yamashita T. Owner－Occupied Housing：Life－Cycle Implications for the Household Portfolio［J］．American Economic Review，2011，101（3）：609－614.

⑦ Shan H. Reversing the Trend：The Recent Expansion of the Reverse Mortgage Market［J］．Real Estate Economics，2011，39（4）：743－768.

⑧ Chai J，Horneff W，Maurer R，et al. Optimal Portfolio Choice over the Life Cycle with Flexible Work，Endogenous Retirement，and Lifetime Payouts［J］．Review of Finance，2011，15（4）：875－907.

⑨ Mitchell O S，Piggott J，Bhuyan V. Unlocking Housing Equity in Japan［J］．Journal of the Japanese & International Economies，2004，18（4）：466－505.

Heo 等（2016）[①] 指出韩国发展住房反向抵押贷款可以有效提高老年人的可支配收入水平，可以起到退休居民收入稳定器的作用。Pahuja（2016）[②] 指出在印度发展住房反向抵押贷款可以为“房产富人、现金穷人”的老年人提供一种有效的养老选择。

从国外研究中我们发现，住房反向抵押贷款是一项十分有效的养老措施，可以使老年人的个人福利效用水平以及社会福利效用得到显著提升。但是，从我国住房反向抵押贷款的发展过程来看，住房反向抵押贷款运行模式在我国发展缓慢，成效不大。我国相关学者开始借鉴发达国家先进经验，分别从制度建设、法律环境、运作机制等方面提出具体政策建议。[③] 例如，章萍（2014）[④]、曹强等（2014）[⑤] 认为我国的传统文化、房地产市场以及区域经济水平存在差异，建议政府应该采取渐进式和差异化的推广政策。而张建伟和韩青（2014）[⑥]、陈友华和施旖旎（2016）[⑦]、范李瑛（2016）[⑧] 则认为在我国法制环境不健全、金融市场不完善和配套机构缺位等是开展住房反向抵押贷款主要障碍因素，主张营造规范、有序的市场环境。陈健和黄少安（2013）[⑨] 则考虑了我国居民传统遗产动机的影响，通过建立财富效应模型考察了我国住房反向抵押贷款的可行性，并提出适当试点遗产税、稳定住房市场将有助于住房反向抵押贷款模式的实现。总之，目前我国学者也开始对住房反向抵押贷款的运行实

---

① Heo Y C, An S, Hong B E. Reverse Mortgage as an Income Stabilizer for the Elderly in Korea [J]. Asian Social Work and Policy Review, 2016, 10 (1): 103 - 112.

② Pahuja A. Reverse Mortgage: An Empirical Study in Indian Perspective [J]. Social Science Electronic Publishing, 2016.

③ 金晓彤，崔宏静．亚洲国家“以房养老”模式的经验与借鉴——以日本和新加坡反向住房抵押贷款为例［J］．亚太经济，2014（1）：11 - 15.

④ 章萍．“以房养老”产品市场培育的有效路径研究［J］．经济体制改革，2014（6）：126 - 129.

⑤ 曹强，张宇，虞文美．“以房养老”模式的影响因素研究——基于我国 20 个城市经济指标分析［J］．北京邮电大学学报（社会科学版），2014，16（6）：71 - 80.

⑥ 张建伟，韩青．发展住房反向抵押养老保险的宏观策略分析［J］．城市发展研究，2014，21（6）：73 - 79.

⑦ 陈友华，施旖旎．最后一根救命稻草：以房养老的美国经验与在中国的实践［J］．国际经济评论，2016（6）：10 + 148，159.

⑧ 范李瑛．论我国推行住房反向抵押贷款的法律制度保障［J］．中州学刊，2016（10）：54 - 58.

⑨ 陈健，黄少安．遗产动机与财富效应的权衡：以房养老可行吗？［J］．经济研究，2013（9）：56 - 70.

践进行了初步的探索。

三、行为需求视角下住房反向抵押贷款的需求意愿研究

随着住房反向抵押贷款模式在发达国家或地区的实践应用，发现老年人的需求意愿是住房反向抵押贷款模式可持续发展的关键因素，所以相关研究开始转向关注老年人需求决策对住房反向抵押贷款运行的影响，以期从老年人的个人行为决策特征找出住房反向抵押贷款金融产品需求的决定因素。例如，Haurin 等（2016）① 首先从老年人需求决策视角，对美国的住房反向抵押贷款需求状况进行了实证分析，认为住房反向抵押贷款能为老年人获取更高的资产流动性，能够实现隐含价值。而 Davidoff 等（2017）② 则认为老年人知识水平偏低是影响老年人需求决策的主要因素，并建议住房反向抵押贷款合同条款要设计得通俗易懂，有利于老年人作出正确的需求决策。另外，Chiang 和 Tsai（2016）③ 综合考虑了老年人个人特征、合同条款复杂性以及社会经济状况等因素，构建了老年人参与住房反向抵押贷款的经济模型，并实证分析了老年人对住房反向抵押贷款需求决策的内在机理。Nakajima 和 Telyukova（2017）④ 则从退休老年人的风险偏好、收入水平等角度考察了住房反向抵押贷款需求意愿的影响因素。可以看出，上述研究为住房反向抵押贷款模式的理论探究指引了新的研究视角。

四、研究述评

总之，根据国内外研究，住房反向抵押贷款模式是一项十分有效的养老措

① Haurin D, Ma C, Moulton S, et al. Spatial Variation in Reverse Mortgages Usage: House Price Dynamics and Consumer Selection [J]. Journal of Real Estate Finance & Economics, 2016, 53 (3): 392 - 417.

② Davidoff T, Gerhard P, Post T. Reverse Mortgages: What Homeowners (Don't) Know and How it Matters [J]. Journal of Economic Behavior & Organization, 2017, 133 (1): 151 - 171.

③ Chiang S L, Tsai M S. Analyzing an elder's desire for a reverse mortgage using an economic model that considers house bequest motivation, random death time and stochastic house price [J]. International Review of Economics & Finance, 2016, 42: 202 - 219.

④ Nakajima M, Telyukova I A. Reverse Mortgage Loans: A Quantitative Analysis [J]. Journal of Finance, 2017, 72 (2): 911 - 950.

施，其可以使老年人福利效用水平以及社会福利效用得到显著提升。但是，尽管国家持续出台推广政策，我国住房反向抵押贷款市场仍旧发展缓慢。因此，我国相关学者分别从制度建设、法律环境、运作机制等方面对住房反向抵押贷款模式限制因素进行了理论探索，并把限制因素归结为：传统家庭养老的依赖、房地产市场的不稳定、市场法规的不完善、新型金融产品的复杂性等方面。但是，相比较外部宏观环境的约束限制，居民微观需求意愿决定着住房反向抵押贷款市场的可持续发展。然而，目前我国大部分研究是从宏观政策角度探讨住房反向抵押贷款的可行性，以及从金融机构视角探讨住房反向抵押贷款的风险管理和定价问题，鲜有直接从老年人微观行为视角深入分析其参与住房反向抵押贷款的需求决策过程。

第二节 住房反向抵押贷款需求决策相关研究

一、住房反向抵押贷款需求意愿

生命周期消费模型是住房反向抵押贷款模式的运行原理，该理论模型认为理性人一般会在其劳动工作期间积累资产财富，然后可以在退休期间消费这些积累的资产，以期满足生命周期内的效用最大化。很多国内外学者基于生命周期消费模型，从宏观社会福利角度对住房反向抵押贷款的经济有效性进行了推理论证，认为住房反向抵押贷款对个体生命周期内的福利效用以及社会总体福利有着显著提升作用。①②③

尽管相关理论已经表明，住房反向抵押贷款是养老保障体系的有益补充，但在我国运行实践中，住房反向抵押贷款发展并不尽如人意，实际签约率较

① Haurin D, Ma C, Moulton S, et al. Spatial Variation in Reverse Mortgages Usage: House Price Dynamics and Consumer Selection [J]. Journal of Real Estate Finance & Economics, 2016, 53 (3): 392 - 417.

② 黄民安，陈秉正．生命周期框架下我国发展住房反向抵押市场的福利分析［J］．投资研究，2013 (10): 31 - 41.

③ 冯钰宸．“以房养老”能改善福利吗？——基于生命周期框架的居民跨期决策模型［J］．金融与经济，2017 (9): 38 - 45.

低，出现了“有效需求不足”状况。我国相关学者也分别从制度建设、法律环境、运作机制等宏观环境角度对我国住房反向抵押贷款发展的限制因素进行了理论探索，并把限制因素归结为：传统家庭养老的依赖、房地产市场的不稳定、市场法规的不完善、新型金融产品的复杂性等方面。然而，相比较外部宏观环境的约束限制，居民微观需求意愿是决定住房反向抵押贷款市场成功与否的重要因素。国内学者，陈秉正等（2015）①、石振武和袁甜甜（2016）②、熊景维等（2017）③、瞿小敏（2017）④ 也分别通过调研发现：我国居民参与住房反向抵押贷款的需求意愿普遍偏低，并验证了我国居民的年龄、文化程度、家庭收入、子女数量、住房数量、职业类型等人口和家庭特征因素对有效需求的约束影响。另外，由于我国居民具有传统家庭养老观念并且养老规划意识不强，对各种养老金融产品普遍缺乏客观认知，导致我国养老金融市场均出现了有效需求不足问题，根据郑秉文（2016）⑤ 的测算，我国第三支柱商业养老保险的参与程度仅为0.4%。可见，虽然从理论研究上看，住房反向抵押贷款是我国养老保障体系的有益补充，但现实中我国居民对住房反向抵押贷款的需求意愿普遍偏低。

实际上，住房反向抵押贷款“有效需求不足”问题不仅出现在中国，在一些住房反向抵押贷款市场成熟的地区，实践初期阶段也遇到了有效需求小于预期的问题。例如，Moulton 等（2015）⑥、Swan（2016）⑦、Kim 等（2016）⑧、

---

① 陈秉正，高名，刘晓菲．住房反向抵押养老保险需求分析［J］．保险研究，2015（05）：121-128.

② 石振武，袁甜甜．以房养老需求意愿及影响因素研究——基于有序 Logistic 模型［J］．调研世界，2016（07）：47-52.

③ 熊景维，钟涨宝，李奥奇．保障替代、代际契约与信息引致：“以房养老”参与意愿的影响因素——基于武汉市老年人调查数据的实证分析［J］．人口研究，2017（01）：48-60.

④ 瞿小敏．“以房养老”可行性分析：基于老年人的需求及意愿［J］．人口与社会，2017，33（3）：64-71.

⑤ 郑秉文．第三支柱商业养老保险顶层设计：税收的作用及其深远意义［J］．中国人民大学学报，2016，V30（1）：2-11.

⑥ Moulton S，Haurin D R，Shi W. An analysis of default risk in the Home Equity Conversion Mortgage（HECM）program［J］．Journal of Urban Economics，2015，90：17-34.

⑦ Swarn C. Reverse Mortgage Participation in the United States：Evidence from a National Study［J］．International Journal of Financial Studies，2016，4（1）：1-10.

⑧ Kim J，Li J. Risk-neutral valuation of the non-recourse protection in reverse mortgages：A case study for Korea［J］．Emerging Markets Review，2016，30（3）：133-154.

Dillingh 等（2017）[①]、Davidoff 等（2017）[②] 分别调查美国、韩国、荷兰等国家的住房反向抵押贷款市场需求，在实践初期阶段，都不同程度出现了“有效需求不足”现象，而他们重点考察了老年人行为决策因素对住房反向抵押贷款有效需求的约束影响，并分别证实：风险偏好、社会互动能力、保险市场信任度、养老金不足预期、长寿风险预期等行为决策因素决定着住房反向抵押贷款市场的有效需求。但由于各个国家或地区，在制度环境、社会观念、文化传统等方面差别较大，住房反向抵押贷款有效需求的主要约束机制及其影响渠道有可能存在较大差异。因此，在中国情境下，深入考察住房反向抵押贷款需求决策约束因素及其影响机制，积累住房反向抵押贷款运行的中国经验，在实践层面具有重要的现实意义。

二、住房反向抵押贷款需求意愿的影响因素

在现实中，有哪些个人特征、家庭结构、社会环境等因素约束影响我国住房反向抵押贷款的需求意愿？通过问卷调查和实证分析老年人参与住房反向抵押贷款需求意愿影响因素，是检验参与住房反向抵押贷款的需求决策分析模型、探索住房反向抵押贷款模式有效性的重要基础，对探究我国新型养老保障模式具有重要现实意义。

国外对住房反向抵押贷款的需求意愿影响因素的实证分析，主要是基于住房反向抵押贷款的实际签约数据、问卷调研数据的经验研究。Swan（2016）[③] 对美国住房反向抵押贷款市场的需求意愿影响因素进行了实证研究，研究认为老年人的年龄、净资产状况、风险偏好、职业等因素是住房反向抵押贷款参与意愿的主要影响因素。Davidoff 等（2017）[④] 通过对美国住房

---

① Dillingh R, Prast H, Rossi M, et al. Who wants to have their home and eat it too? Interest in reverse mortgages in the Netherlands [J]. Journal of Housing Economics, 2017, 38 (1): 25 – 37.

② Davidoff T, Gerhard P, Post T. Reverse Mortgages: What Homeowners (Don't) Know and How it Matters [J]. Journal of Economic Behavior & Organization, 2017, 133 (1): 151 – 171.

③ Swarn C. Reverse Mortgage Participation in the United States: Evidence from a National Study [J]. International Journal of Financial Studies, 2016, 4 (1): 1 – 10.

④ Davidoff T, Gerhard P, Post T. Reverse Mortgages: What Homeowners (Don't) Know and How it Matters [J]. Journal of Economic Behavior & Organization, 2017, 133 (1): 151 – 171.

反向抵押贷款市场的参与者进行调研，研究认为老年人知识水平和政策了解程度越高，住房反向抵押贷款的需求意愿越强。Moulton 等（2015）[①] 通过跟踪 2006～2011 年间接受住房反向抵押贷款业务咨询的 3 万名老年人问卷调查，也得出了信用状况、收入水平、健康状况等因素会影响潜在需求意愿。Dillingh 等（2017）[②] 则通过 CentERdata 运营的互联网问卷调查数据，实证研究了荷兰居民住房反向抵押贷款潜在需求意愿，并证实随着国家退休金减少和日常养老消费增加，住房反向抵押贷款需求意愿逐渐增强，也得出了性别、社会经济地位、子女数量、储蓄充足水平、健康状况等因素是需求意愿的主要影响因素。

由于我国住房反向抵押贷款模式实施运行的时间较短，国内基于需求意愿调查数据的实证研究较少。在已有的实证分析中，刘大唯和左晴（2011）[③] 通过对广州市中老年人的调查发现，老年人参与住房反向抵押贷款的潜在诱因包括希望晚年生活更有保障、无子女赡养、经济能力有限，而拒绝动机则包括房子留给子女、收入和储蓄充足等。张琪等（2015）[④] 基于北京市老年人调查数据指出子女因素、受教育程度、养老观念等因素对住房反向抵押贷款需求意愿有显著影响。石振武和袁甜甜（2016）[⑤] 基于哈尔滨市的调查数据，运用 Logistics 模型从个人特征、家庭环境和社会环境等方面进行了实证分析，最后得出收入状况、教育程度、代际关系、现有养老资源、政策认知等因素对住房反向抵押贷款需求意愿具有显著性影响。瞿小敏（2017）[⑥] 基于上海市老年人口状况与需求意愿的调查数据，运用 Logistics 模型对住房反向抵押贷款需求意愿

---

① Moulton S, Haurin D R, Shi W. An analysis of default risk in the Home Equity Conversion Mortgage (HECM) program [J]. Journal of Urban Economics, 2015, 90: 17－34.

② Dillingh R, Prast H, Rossi M, et al. Who wants to have their home and eat it too? Interest in reverse mortgages in the Netherlands [J]. Journal of Housing Economics, 2017, 38 (1): 25－37.

③ 刘大唯，左晴．广州市推行“以房养老”的可行性分析——兼论养老保险风险释散的对策 [J]．社会保障研究，2011 (5): 92－100.

④ 张琪，栾海英，张栋．北京市老年人“以房养老”意愿及影响因素分析 [J]．调研世界，2015 (11): 19－23.

⑤ 石振武，袁甜甜．以房养老需求意愿及影响因素研究——基于有序 Logistic 模型 [J]．调研世界，2016 (7): 47－52.

⑥ 瞿小敏．“以房养老”可行性分析：基于老年人的需求及意愿 [J]．人口与社会，2017，33 (3): 64－71.

进行了实证分析，研究认为文化程度、子女数、子女生活照料、健康状况等因素对住房反向抵押贷款需求意愿具有显著性影响。

由于不同国家或地区在文化传统、社会观念等方面差别较大，具体深入实证研究住房反向抵押贷款需求意愿影响因素，积累住房反向抵押贷款运行的中国经验，在理论和实践层面都具有重要的现实意义。

三、遗赠动机对住房反向抵押贷款需求意愿的约束影响

我国具有根深蒂固的家庭资产遗赠文化，尤其是家庭资产中的住房资产，遗赠动机是家庭财富配置决策重要影响因素，而在众多住房反向抵押贷款需求意愿的实证研究中，较少深入探究遗赠动机约束机制。老年人参与住房反向抵押贷款，在老年人去世时刻，金融机构将会拥有住房资产的产权，最终通过处置老年人的房屋来收回累计贷款余额。对于老年申请者来说，虽然他们的消费边际效用会增加，但他们的遗赠边际效用可能会降低，权衡消费和遗赠边际效用是我国老年人参与住房反向抵押贷款的主要决策规则。Kim 和 Li（2016）[①] 利用生命周期效用模型研究发现，房产价值比重如果超过家庭总资产的 70%，家庭会选择让子女继承房产，不会参与住房反向抵押贷款，并认为家庭代际转移（遗赠动机）是阻碍住房反向抵押贷款发展的关键因素。另外，Chiang 和 Tsai（2016）[②]、Nakajima 和 Telyukova (2017)[③] 也分别构建了住房反向抵押贷款的行为决策模型，通过参数模拟验证了遗赠动机的存在，会影响家庭资源配置行为决策。可以看出，上述研究为住房反向抵押贷款需求意愿的经验研究指引了新的研究视角。但是，目前有关遗赠动机的经验研究，更多是应用在家庭消费－储蓄决策的研究领域。例如，

---

① Kim J, Li J. Risk－neutral valuation of the non－recourse protection in reverse mortgages: A case study for Korea [J]. Emerging Markets Review, 2016, 30 (3): 133－154.

② Chiang S L, Tsai M S. Analyzing an elder's desire for a reverse mortgage using an economic model that considers house bequest motivation, random death time and stochastic house price [J]. International Review of Economics & Finance, 2016, 42: 202－219.

③ Nakajima M, Telyukova I A. Reverse Mortgage Loans: A Quantitative Analysis [J]. Journal of Finance, 2017, 72 (2): 911－950.

Lim 和 Kwak（2016）①、Suari - Andreu 等（2019）② 分别利用调查数据或实验数据验证了遗赠动机对家庭财富配置决策的约束影响。而 Niimi 和 Horioka（2019）③ 则根据"2015 年日本家庭消费储蓄追踪调查数据"进一步实证检验了不同类型遗赠动机对老年人财富积累行为的影响，并研究认为遗赠动机是老年人财富消费减缓的重要原因之一。

基于上述论述，遗赠动机是影响家庭消费 - 储蓄决策的重要约束因素，而参与住房反向抵押贷款模式，同样会间接影响老年人的家庭资产配置行为决策，但是，有关住房反向抵押贷款需求意愿的经验研究成果仍然较少，疏于实证探究遗赠动机对住房反向抵押贷款需求意愿的约束影响机制。另外，我国居民受传统儒家思想影响深刻，遗赠动机的形成机制更为复杂，老年人的遗赠动机除了表现出利己遗赠动机（策略性遗赠动机）外，还会表现出较强利他遗赠动机，但是目前学术界从利己和利他等不同类型遗赠动机角度，考察住房反向抵押贷款需求意愿约束影响的经验研究更加不多见。

根据目前家庭资产配置中有关遗赠动机的研究，居民的遗赠动机主要表现为利己遗赠动机（策略性遗赠动机或交易性遗赠动机）、利他遗赠动机、偶然性遗赠动机等，其中利己和利他遗赠动机是家庭财富配置决策的主要影响因素。具体来说，利己遗赠动机理论认为：父母将遗产继承权赋予子女或者后辈，主要是基于个人效用最大化原则，换取未来赡养和照顾的策略性选择。而利他遗赠动机理论认为：父母的遗赠行为，尤其在东亚国家或地区更多体现的是利他动机特征，父母是将子女幸福放在首位，倾向于在不考虑个人回报情况下把财富或资产遗赠给子女或后代，从而实现家庭财富的代际传承。

那么，遗赠动机是否是中国老年人参与住房反向抵押贷款的主要约束因素？如果是的话，主要是受利己遗赠动机的约束影响还是受利他遗赠动机的约

① Lim B H, Kwak M. Bequest motive and incentive to retire: Consumption, investment, retirement, and life insurance strategies [J]. Finance Research Letters, 2016, 16 (2): 19 - 27.

② Suari - Andreu E, Alessie A, Angelini V. The retirement - savings puzzle reviewed: The role of housing and bequests [J]. Journal of Economic Surveys, 2019, 33 (1): 195 - 225.

③ Niimi Y, Horioka C Y. The wealth decumulation behavior of the retired elderly in Japan: The relative importance of precautionary saving and bequest motives [J]. Journal of the Japanese and International Economies, 2019, 51 (3): 52 - 63.

束影响？抑或是受“利己遗赠动机”和“利他遗赠动机”的双重约束影响？目前对此系列研究问题，国内外相关研究仍然缺少系统理论论证和实证检验。因此，基于行为经济学研究理论，创新性地从利己和利他心理引致的遗赠动机逻辑关系进行构建，并根据我国住房反向抵押贷款试点城市的老年居民调研数据，实证探究“利己遗赠动机”和“利他遗赠动机”对住房反向抵押贷款有效需求的约束机制，有利于住房反向抵押贷款的政策制定者和金融机构供给者充分理解老年人需求意愿的关键影响因素，进一步完善我国住房反向抵押贷款的运行模式。

第四章　老年人参与住房反向抵押贷款的需求决策分析

在人口老龄化加剧、家庭养老功能弱化、养老金缺口不断增大的情况下，如何寻找有效方式缓解即将到来的“养老金压力”成为摆在理论研究者和政策制定者面前的一道难题。国际经验表明，住房反向抵押贷款模式能够有效整合房地产市场和金融市场的综合优势，使老年人拥有的房产，发挥居住、养老和投资三重功能，是对传统养老保障方式的有益补充。因此，住房反向抵押贷款作为一种新型的养老保障模式和金融创新产品，受到了全社会广泛关注。在我国居民住房自有比例较高的基本情况下，开展住房反向抵押贷款模式，可以将社会存量住房资产转化为养老资源，以解决“房产富人、现金穷人”养老问题。

尽管相关理论已经表明，住房反向抵押贷款模式是养老保障体系的有益补充，但在我国运行实践中，住房反向抵押贷款发展实际签约率较低，出现了“有效需求不足”状况。由于各个国家或地区，在制度环境、文化传统等方面差别较大，住房反向抵押贷款有效需求的主要约束机制有可能存在差异。我国具有根深蒂固的家庭资产遗赠文化，尤其是家庭资产中的住房资产，遗赠动机是我国家庭资产配置决策的重要约束因素，而老年人参与住房反向抵押贷款属于重要的家庭资产配置行为。对于申请者来说，虽然消费边际效用会增加，但遗赠边际效用可能会降低，权衡消费边际效用和遗赠边际效用是我国居民参与住房反向抵押贷款的重要行为决策规则。但是，目前国内外有关住房反向抵押贷款需求决策研究，并未充分考虑遗赠动机的作用机理。

基于此，本部分在生命周期理论、家庭资产配置理论和养老保险原理的基础上，尝试借鉴跨期效用决策模型①②③，在引入遗赠动机约束参数基础上，结合我国老年人行为决策因素（风险偏好、时间偏好、退休金收入）、住房反向抵押贷款合同条款因素（赎回权选择、定价利率、合同费率）和经济环境因素（市场利率、房价波动率、随机死亡率）等相关参数，构建我国老年人参与住房反向抵押贷款的终身效用模型。然后，利用我国人口与经济数据进行数值模拟分析，考察遗赠动机对我国住房反向抵押贷款需求决策需求的约束影响。

第一节　住房反向抵押贷款定价模型

一、基础定价模型

住房反向抵押贷款作为一种以提供养老金为目的的融资工具，其基本运作方式是：老年人以自身拥有的房屋产权作为抵押，向贷款机构申请一次性或按期兑现的年金贷款。该笔贷款不需要老年人在有生之年偿还，而是在老年人去世后，贷款机构将房产收回并拍卖变现。我们假设住房反抵押贷款市场是一个完全竞争市场，贷款定价利率应该是精算公平的，金融机构获得的正常收益、风险报酬和其他机会成本均应包含在贷款利率中。那么，参考 Lee 等（2012）④、Shao 等（2015）⑤、陈秉正等（2014）⑥ 的研究，老年人申请住房反向抵押贷款所能获得的贷款总额应该与其房产未来期望售价的现值相

① Calcagno R, Fornero E, Rossi M C. The Effect of House Prices on Household Consumption in Italy [J]. Journal of Real Estate Finance & Economics, 2009, 39 (3): 284 - 300.

② Fischer M, Stamos M Z. Optimal Life Cycle Portfolio Choice with Housing Market Cycles [J]. Review of Financial Studies, 2013, 26 (9): 2311 - 2352.

③ Chiang S L, Tsai M S. Analyzing an elder's desire for a reverse mortgage using an economic model that considers house bequest motivation, random death time and stochastic house price [J]. International Review of Economics & Finance, 2016, 42: 202 - 219.

④ Lee Y T, Wang C W, Huang H C. On the valuation of reverse mortgages with regular tenure payments [J]. Insurance Mathematics & Economics, 2012, 51 (2): 430 - 441.

⑤ Shao A W, Hanewald K, Sherris M. Reverse mortgage pricing and risk analysis allowing for idiosyncratic house price risk and longevity risk [J]. Insurance Mathematics & Economics, 2015, 63: 76 - 90.

⑥ 陈秉正，秦鹏，邓颖璐. 具有赎回选择权的住房反向抵押贷款定价 [J]. 投资研究，2014 (5): 97 - 109.

等。换言之，当贷款归还时，房产具有一个期望市场价值，将该期望价值按照合同贷款利率进行贴现，得出的金额即是老年申请者所能得到的贷款总额（LS_x）。

$$LS_x = \sum_{t=0}^{L-x} [H_t \times {}_tq_x \times (1+r)^{-t}] - \alpha H_0 \tag{4-1}$$

其中，LS_x 为 x 岁的老年人可以获取贷款总额的期望价值；${}_tq_x$ 为 x 岁的老年人在第 t 年的死亡概率；H_t 记为在任意时刻 t 的住房价值；H_0 为住房的初始价值；α 为住房反向抵押贷款费用率；r 为住房反向抵押贷款的合同定价贷款利率；L 为老年人预期寿命的最高年龄，在中国取值为 105 岁。

终身年金（A_x）是指借贷双方签订住房反向抵押贷款合同后，贷款机构每年将特定数额款项支付给申请人，直至借款人离世为止。那么，各期支付的年金数额按照贷款利率折现后等于老年人所能获得贷款总额的期望价值，因此，根据住房反向抵押贷款的保险精算定价原理，可以得到老年人参与住房反向抵押贷款的养老年金公式：

$$A_x = \frac{LS_x}{\ddot{a}_x} = \frac{\sum_{t=0}^{L-x} [H_t \times {}_tq_x \times (1+r)^{-t}] - \alpha H_0}{\sum_{t=0}^{L-x} \frac{{}_tp_x}{(1+r)^t}} \tag{4-2}$$

其中：A_x 为 x 岁的老年人获取的养老年金；LS_x 为 x 岁的老年人可以获取贷款总额的期望价值；$\ddot{a}_x$ 为年金精算系数；${}_tq_x$ 为 x 岁的老年人在第 t 年的死亡概率；${}_tp_x$ 为 x 岁老年人在第 t 年后仍然存活的概率；H_t 记为在任意时刻 t 的住房价值；H_0 为住房的初始价值；α 为住房反向抵押贷款费用率；r 为住房反向抵押贷款的合同定价贷款利率；L 为老年人预期寿命的最高年龄，在中国取值为 105 岁。

二、赎回选择权定价模型

中国住房价格具有较高增长预期，住房财富效应较高，老年人参与住房反向抵押贷款模式，需要权衡年金收入和住房财富带来的终身价值的变动，而嵌入赎回选择权的住房反向抵押贷款，允许借款人的继承人在贷款期结束时

（老年人去世），自由选择偿还贷款本息赎回房产或者放弃房产，可以实现保留部分住房遗产的选择权功能。陈秉正等（2014）[①]、周海珍等（2016）[②] 等学者认为嵌入赎回权的住房反向抵押贷款模式，对申请人来说隐含着期权价值，在中国更具有可行性（我国目前实施的老年人住房反向抵押养老保险具有提前终止选择权和赎回选择权等附属条款）。

那么，参考陈秉正等（2014）的研究，可以对住房反向抵押贷款的赎回选择权进行期权定价。假设住房反向抵押贷款合同终止（老年人去世）T 时刻的累计贷款成本为 $B(T)$，且住房价值为 H_t，那么，继承人通过赎回权可以获得的房屋遗产价值为：$\max(0, H_T - B(T))$。老年申请者参与住房反向抵押贷款相当于拥有了一份房价看涨期权，由于期权的执行必须等到贷款期限才可以执行，这种期权是欧式看涨期权，那么，赎回选择权的现值（期权价值）为 $R(T)$。因此，如果 x 岁老年人参与具有赎回权的住房反向抵押贷款，老年人（继承人）可以获取两部分价值：一是按照市场利率贴现的养老金收入现值（$PV_x(T)$）；二是赎回选择权的现值（$R_x(T)$）。由于 x 岁老年人在第 T 年的死亡率为 ${}_Tq_x$，考虑死亡时间的不确定性后，赎回权现值的期望价值为：

$$E(R_x(T)) = \sum_{T=1}^{L-x} R_x(T) \times {}_Tq_x \tag{4-3}$$

为保证公平定价，老年人获取赎回选择权，每年需要缴纳保险费用（即为获取赎回选择权的期权费），老年人每期被扣除的赎回选择权费用为：

$$\pi_x = \frac{E(R_x(T))}{\ddot{a}_x} = \frac{\sum_{T=1}^{L-x} R_x(T) \times {}_Tq_x}{\sum_{t=0}^{L-x} \frac{{}_tp_x}{(1+r)^t}} \tag{4-4}$$

其中：π_x 为每期赎回选择权费用；$R_x(T)$ 为赎回选择权的期权价值；$\ddot{a}_x$ 为年金精算系数；${}_tq_x$ 为 x 岁的老年人在第 t 年的死亡概率；${}_tp_x$ 为 x 岁老年人在第 t 年后仍然存活的概率；r 为住房反向抵押贷款的合同定价贷款利率；L 为老年

① 陈秉正，秦鹏，邓颖璐．具有赎回选择权的住房反向抵押贷款定价［J］．投资研究，2014（5）：97－109.

② 周海珍，彭晓鹏，陈秉正．具有住房反向抵押选择权的长期护理保险定价研究［J］．财经论丛，2016（9）：46－52.

人预期寿命的最高年龄，中国取值为105岁。另外，那么老年人申请嵌入赎回权的住房反向抵押贷款，扣除赎回选择权费用后实际获取的养老年金为：$A_x - \pi_x$。

三、主要参数模型

（一）房价波动模型

由于住房反向抵押贷款运行时间跨度较长，目前住房反向抵押贷款研究主要采用随机游走模拟方法。[①][②] 中国学者郭娜和梁琪（2011）[③]、巴曙松和田磊（2015）[④] 研究认为尽管中国房地产市场受宏观经济、政府调控政策等因素的影响，短期内的波动较大且呈现出无规律性；但从长期趋势来看，中国的房地产市场可以看作是有效市场，短期内的价格波动可以看作是随机扰动。因此，在建立房价波动模型的时候，先要对房地产价格时间序列进行平稳性检验，如果历史房价指数时间序列是单位根非平稳序列，则选用随机游走模型来描述房屋未来的价格变动过程。

根据 Lee 等（2012）[⑤]、Han 和 Jiang（2019）[⑥] 的研究，在不考虑房屋折旧的情况下，如果长期来看，房价波动是对数正态随机游动形式，房价变动形式可以用几何的布朗运动来进行模拟。

$$dH_t = \mu H_t dt + \sigma H_t dB_t \tag{4-5}$$

其中，H_t 为 t 时刻房屋价格；μ 为房价增长率的期望均值；σ 为房屋价格

① Haurin D, Mcgreal S, Adair A, et al. List price and sales prices of residential properties during booms and busts [J]. Journal of Housing Economics, 2013, 22 (1): 1-10.

② Tsay J T, Lin C C, Prather L J, et al. An approximation approach for valuing reverse mortgages [J]. Journal of Housing Economics, 2014, 25: 39-52.

③ 郭娜，梁琪. 我国房地产市场周期与金融稳定——基于随机游走滤波的分析 [J]. 南开经济研究，2011 (04): 98-107.

④ 巴曙松，田磊. 房价波动、货币政策与经济周期波动：一个 DSGE 分析框架 [J]. 当代财经，2015 (08): 3-16.

⑤ Lee Y T, Wang C W, Huang H C. On the valuation of reverse mortgages with regular tenure payments [J]. Insurance Mathematics & Economics, 2012, 51 (2): 430-441.

⑥ Han W, Jiang Y. Economic validity analysis of housing reverse mortgages in China: The perspective of the financial decisions of the elderly [J]. China Finance Review International, 2019, 9 (4): 498-520.

波动率；B_t 为服从布朗运动的随机变量，且 $dB_t = \varepsilon\sqrt{dt}$，$\varepsilon \sim N(0,1)$。依据伊藤引理，可以得到房屋价格的模拟公式：

$$H_t = H_0 \exp(\mu t + B_t),\ B_t \sim N(0,\sigma^2 t) \tag{4-6}$$

因此，可以首先根据房地产市场交易价格的历史数据，估计出房价增长率的期望均值（μ）和房屋价格波动率（σ）；然后，利用式（4-6）对未来 t 期间房屋价值进行模拟。

（二）预期寿命模型

根据陈秉正等（2014）① 的研究，累积概率模型是目前人寿保险业务计算预期寿命的常用方法，而住房反向抵押贷款的运行特征与人寿保险相似。因此本研究根据经验寿命表，采用累积概率模型，分别计算出各个年龄的男性和女性的生存概率和死亡概率。具体的计算过程为：假设 p_x 为 x 岁的人在当年的生存概率；q_x 为 x 岁的人在当年的死亡概率，则有关系式 $p_x + q_x = 1$；而 ${}_tp_x$ 为 x 岁的人在第 t 年的累积生存概率，其计算公式计算为：

$$\begin{aligned}{}_tp_x &= p_x \times p_{x+1} \times p_{x+2} \times \cdots \times p_{x+L-2} \times p_{x+L-1} \\ &= (1-q_x)\times(1-q_{x+1})\times(1-q_{x+2})\times\cdots\times(1-q_{x+L-2})\times(1-q_{x+L-1})\end{aligned} \tag{4-7}$$

那么 x 岁的人在第 $t+1$ 年的累积生存概率为：

$$\begin{aligned}{}_{t+1}p_x &= p_x \times p_{x+1} \times p_{x+2} \times \cdots \times p_{x+L-2} \times p_{x+L-1} \times p_{x+L} \\ &= (1-q_x)\times(1-q_{x+1})\times(1-q_{x+2})\times\cdots\times(1-q_{x+L-2}) \\ &\quad \times(1-q_{x+L-1})\times(1-q_{x+L})\end{aligned} \tag{4-8}$$

因此 x 岁的人在第 t 年的死亡概率为：

$$\begin{aligned}{}_tq_x &= {}_tp_x - {}_{t+1}p_x \\ &= (1-q_x)\times(1-q_{x+1})\times(1-q_{x+2})\times\cdots\times(1-q_{x+L-2}) \\ &\quad \times(1-q_{x+L-1})\times q_{x+L}\end{aligned} \tag{4-9}$$

然后，可以根据保监会最新公布的《中国人寿保险业经验生命表（2010～

① 陈秉正，秦鹏，邓颖璐．具有赎回选择权的住房反向抵押贷款定价［J］．投资研究，2014（5）：97－109．

2013)》① 中养老金业务的 CL3 和 CL4 列，得出不同年龄的死亡概率 q_x，根据式（4-7）和式（4-9）分别计算出不同年龄老年人在第 t 年的累积生存概率 $_tp_x$ 和死亡概率 $_tq_x$。

（三）赎回选择权价值模型

借鉴 Tsay 等（2014）②、Han 等（2017）③ 的观点，如果房价变动服从对数正态随机游动形式，那么赎回选择权的现值（$R(T)$），可以根据 B~S 期权定价模型进行估计。因此，可以首先根据房地产市场交易价格的历史数据，计算出对数房价增长率，进行正态分布拟合，来验证历史房屋价格是否服从对数正态分布。

然后，根据 B~S 期权定价原理确定相关定价参数。其中：继承人在住房反向抵押贷款合同终止（老年人去世时刻 T），按照合同定价利率 r 偿还的累计贷款成本 $B_x(T)$ 相当于标的资产的执行价格；而住房未来价格（H_T）是随着市场环境变化的，它相当于标的资产的市场价格。那么，预期余命 T 的 x 岁老年人赎回选择权现值（$R_x(T)$）的定价公式为：

$$R_x(T) = H_0N(d_1) - e^{-r_fT}B_x(T)N(d_2)$$

$$d_1 = \frac{\ln(H_0/B_x(T)) + (r_f + \sigma^2/2)T}{\sigma\sqrt{T}}$$

$$d_2 = d_1 - \sigma\sqrt{T} \tag{4-10}$$

其中，$R_x(T)$ 表示 x 岁老年人预期余命为 T 的赎回选择权现值；H_0 为初始房屋价值；$B_x(T)$ 表示 x 岁老年人预期余命为 T 的累计贷款成本；σ 为房屋价格波动率；r_f 为无风险利率。另外，A_x 为 x 岁老年人申请住房反向抵押贷款，获取的养老年金，为了简化计算，根据 Chiang 和 Tsai（2016）④ 的研究，

① https://www.gov.cn/xinwen/2016-12/28/content_5153900.htm.

② Tsay J T, Lin C C, Prather L J, et al. An approximation approach for valuing reverse mortgages [J]. Journal of Housing Economics, 2014, 25: 39-52.

③ Han W, Wang P, Xu H, et al. Evaluation of the Reverse Mortgage Option in Hong Kong [J]. Asian Economic Journal, 2017, 31 (2): 187-210.

④ Chiang S L, Tsai M S. Analyzing an elder's desire for a reverse mortgage using an economic model that considers house bequest motivation, random death time and stochastic house price [J]. International Review of Economics & Finance, 2016, 42: 202-219.

我们可以假设反向抵押贷款合同期限内的时间分割是连续性的，则 x 岁老年人预期余命为 T 的累计贷款成本，可以通过以下公式计算：

$$B_x(T) = A_x \times \sum_{t=1}^{T} (1+r)^t = \frac{A_x}{r}(e^{rT} - 1) \tag{4-11}$$

第二节　参与住房反向抵押贷款的终身效用模型

本部分借鉴跨期-消费储蓄决策原理，在基于追求生命周期内的期望效用最大化原则下构建了老年人参与住房反向抵押贷款后的终身效用变动模型。从而尝试探究参与住房反向抵押贷款是否可以提升我国老年人终身效用水平？以及遗赠动机如何约束老年人参与住房反向抵押贷款的终身效用？

一、退休期间跨期效用模型构建

借鉴 Calcagno 等（2009）①、Fischer 和 Stamos（2013）②、Chiang 和 Tsai（2016）③ 的有关家庭资产配置决策的分析范式，假定老年人退休期间终身效用来源于生存期内日常消费效用和去世时刻拥有的遗产财富效用，我们选择 Cobb - Douglas 效用函数形式④，来代表老年人每期的消费效用函数和遗产财富效用函数：

$$U(C_t) = \frac{\delta^t C_t^{1-\gamma}}{1-\gamma} \tag{4-12}$$

---

① Calcagno R, Fornero E, Rossi M C. The Effect of House Prices on Household Consumption in Italy [J]. Journal of Real Estate Finance & Economics, 2009, 39 (3): 284 - 300.

② Fischer M, Stamos M Z. Optimal Life Cycle Portfolio Choice with Housing Market Cycles [J]. Review of Financial Studies, 2013, 26 (9): 2311 - 2352.

③ Chiang S L, Tsai M S. Analyzing an elder's desire for a reverse mortgage using an economic model that considers house bequest motivation, random death time and stochastic house price [J]. International Review of Economics & Finance, 2016, 42: 202 - 219.

④ Nakajima M, Telyukova I A. Reverse Mortgage Loans: A Quantitative Analysis [J]. Journal of Finance, 2017, 72 (2): 911 - 950.

$$B(W_T) = \frac{\delta^T {W_T}^{1-\gamma}}{1-\gamma} \tag{4-13}$$

其中：C_t 代表老年人每期的日常消费支出；W_T 代表老年人去世时刻拥有的遗产财富总额；δ 代表时间偏好；γ 代表风险厌恶系数。

我们进一步假设：x 岁老年人在退休后，生存期内的消费支出分别为 C_0，$C_1,\cdots\cdots C_{T-1}$，而在第 T 年去世时刻的剩余财富为 W_T，且老年人的资产配置决策需要满足生命周期内的期望效用最大化：$Max\ E[U(C_0,C_1,\cdots\cdots C_{T-1},W_T)]$。我们根据 Ingersoll（1987）① 跨期效用模型分离原则（跨期效用函数为时间可加形式），我们可以得到老年人剩余生存期内消费储蓄效用模型：

$$Max \quad U(C_0,C_1,\cdots C_{T-1},W_T) = \sum_{t=0}^{T-1} U(C_t) + B(W_T)$$

$$S.T. \quad W_{t+1} = (1+r_t) \times (W_t + Y - C_t) \tag{4-14}$$

其中：（1）假设退休居民没有进行风险资产投资，每期剩余财富收益率按照市场储蓄利率 r_t 确定；（2）假设退休居民，在退休时刻拥有初始财富价值 W_0（初始财富由初始住房财富和初始现金财富构成）；（3）假设退休居民，在退休之后每年可以获取固定退休金收入为 Y，不考虑通货膨胀因素。

为了简化计算，考虑每期的市场利率保持不变 $r_t = r$，根据跨期效用优化原则：本期消费边际效应等于下期的财富边际效用的期望值，可以利用贝尔曼方程以及包络定理，推导出退休居民在满足生存期内期望效用最大化原则下的每期最优消费 C_t^*。Chiang 和 Tsai（2016）②、Nakajima 和 Telyukova（2017）③ 利用此研究方法构建了住房反向抵押贷款需求决策模型，验证了行为决策因素对退休居民消费倾向和资产配置比例的影响。

$$C_t^* = a_t\left(W_t + Y + \frac{Y}{1+r}\right), \text{其中 } a_t = \frac{1-\delta(1+r)^{1-\gamma}}{1-[\delta(1+r)^{1-\gamma}]^{\frac{T-t+1}{\gamma}}} \tag{4-15}$$

为了探究在满足生存期内期望效用最大化原则下的，退休工资收入（Y）

① Ingersoll J E. Theory of financial decision making [M]. Rowman & Littlefield, 1987.

② Chiang S L, Tsai M S. Analyzing an elder's desire for a reverse mortgage using an economic model that considers house bequest motivation, random death time and stochastic house price [J]. International Review of Economics & Finance, 2016, 42: 202 - 219.

③ Nakajima M, Telyukova I A. Reverse Mortgage Loans: A Quantitative Analysis [J]. Journal of Finance, 2017, 72 (2): 911 - 950.

对老年人生存期内终身福利效用的边际影响（$\partial U(C_0,C_1,\cdots\cdots C_{T-1},W_T)/\partial Y$）；退休时刻初始财富（$W_0$）对老年人生存期内终身福利效用的边际影响（$\partial U(C_0,C_1,\cdots\cdots C_{T-1},W_T)/\partial W_0$），我们进一步把每期最优消费 C_t^* 代入约束条件（4-14），得到老年人生存期内的每期财富表达式：

$$\begin{aligned} W_{t+1} &= (1+r)(W_t+Y-C_t^*) \\ &= (1+r)\left[W_t+Y-a_t\left(W_t+Y+\frac{Y}{1+r}\right)\right] \\ &= (1+r)(1-a_t)W_t-[(1+r)(1-a_t)-a_t]Y \\ &= M_tW_t+N_tY \end{aligned} \tag{4-16}$$

为了简化计算过程，我们定义 $M_t=(1+r)(1-a_t)$；$N_t=(1+r)(1-a_t)$。通过每期财富的迭代计算，可以得到：满足生存期内期望效用最大化原则下，老年人生存期内每期财富（W_t）与初始持有财富（W_0）的关系式：

$$W_t = W_0\prod_{s=0}^{t}M_s + Y\sum_{s=0}^{t}\left[\left(\prod_{v=0}^{s}M_v\right)N_s\right] \tag{4-17}$$

老年人在去世时刻（T）拥有的遗产财富总额（W_T）可以表达为：

$$W_T = W_0\prod_{s=0}^{T}M_s + Y\sum_{s=0}^{T}\left[\left(\prod_{v=0}^{s}M_v\right)N_s\right] \tag{4-18}$$

同时，老年人在满足生存期内期望效用最大化原则下，每期最优消费（C_t^*）也可以表达为：

$$C_t^* = a_t\left\{W_0\prod_{s=0}^{t}M_s + Y\left[\sum_{s=0}^{t}\left(\prod_{v=0}^{s}M_v\right)N_s+1+\frac{1}{1+r}\right]\right\} \tag{4-19}$$

1. 养老金收入（Y）的期望边际效用：前面的终身跨期效用模型中假设 x 岁老年人退休之后的预期寿命为 T，那么，在满足生存期内期望效用最大化原则下的，养老金收入（Y）对老年人生存期内终身福利效用的边际效用为：

$$\begin{aligned} MU_x^Y(T) &= \frac{\partial U(C_0,C_1,\cdots C_{T-1},W_T)}{\partial Y} \\ &= \sum_{t=0}^{T-1}\frac{\partial U(C_t)}{\partial Y}+\frac{\partial B(W_T)}{\partial Y} \\ &= \sum_{t=0}^{T-1}\frac{\partial U(C_t)}{\partial C_t}\times\frac{\partial C_t}{\partial Y}+\frac{\partial B(W_T)}{\partial W_T}\times\frac{\partial W_T}{\partial Y} \end{aligned} \tag{4-20}$$

综合式（4－12）、式（4－13）、式（4－17）、式（4－18）和式（4－19），可以分别求出以下边际效应或边际效用的表达式：

（1）每期养老金收入（Y）对每期财富总额（W_t）的边际效应：

$$\frac{\partial W_t}{\partial Y} = \sum_{s=0}^{t}\left[\left(\prod_{v=0}^{s} M_v\right) N_s\right] \tag{4-21}$$

（2）每期养老金收入（Y）对每期消费（C_t^*）的边际效应：

$$\begin{aligned}\frac{\partial C_t^*}{\partial Y} &= a_t\left(\frac{\partial W_t}{\partial Y} + 1 + \frac{1}{1+r}\right)\\ &= a_t\left(\sum_{s=0}^{t}\left[\left(\prod_{v=0}^{s} M_v\right) N_s\right] + \frac{2+r}{1+r}\right)\end{aligned} \tag{4-22}$$

（3）每期消费（C_t）的边际效用：

$$\begin{aligned}\frac{\partial U(C_t)}{\partial C_t} &= \delta^t C_t^{-\gamma}\\ &= \delta^t a_t^{-\gamma}\left\{W_0\prod_{s=0}^{t} M_s + Y\left[\sum_{s=0}^{t}\left(\prod_{v=0}^{s} M_v\right) N_s + \frac{2+r}{1+r}\right]\right\}^{-\gamma}\end{aligned} \tag{4-23}$$

（4）遗产财富（W_T）的边际效用：

$$\begin{aligned}\frac{\partial B(W_T)}{\partial W_T} &= \delta^T W_T^{-\gamma}\\ &= \delta^T\left\{W_0\prod_{s=0}^{T} M_s + Y\sum_{s=0}^{T}\left[\left(\prod_{v=0}^{s} M_v\right) N_s\right]\right\}^{-\gamma}\end{aligned} \tag{4-24}$$

把上述求出的边际效用式（4－21）、式（4－22）、式（4－23）和式（4－24）代入式（4－20）可以得出：预期寿命为 T 老年人的养老金收入（Y）对其生存期内终身福利的边际效用表达式：

$$\begin{aligned}MU_x^Y(T) = &\sum_{t=0}^{T-1}\delta^t a_t^{1-\gamma}\left\{W_0\prod_{s=0}^{t} M_s + Y\left[\sum_{s=0}^{t}\left(\prod_{v=0}^{s} M_v\right) N_s + \frac{2+r}{1+r}\right]\right\}^{-\gamma}\\ &\left[\sum_{s=0}^{t}\left(\prod_{v=0}^{s} M_v\right) N_s + \frac{2+r}{1+r}\right] + \delta^T\left\{W_0\prod_{s=0}^{T} M_s\right.\\ &\left.+ Y\left[\sum_{s=0}^{T}\left(\prod_{v=0}^{s} M_v\right) N_s\right]\right\}^{-\gamma}\sum_{s=0}^{T}\left(\prod_{v=0}^{s} M_v\right) N_s\end{aligned} \tag{4-25}$$

根据预期寿命模型我们可以得到：x 岁老年人预期寿命为 T 的概率是 ${}_Tq_x$。因此，对于任意 x 岁老年人来说，养老金收入（Y）对其生存期内终身福利的期望边际效用为：

$$\overline{MU_x^Y} = E[MU_x^Y(T)] = \sum_{T=1}^{L-x} MU_x^Y(T)\,_Tq_x \tag{4-26}$$

2. 初始持有财富（W_0）的期望边际效用：跨期效用模型中假设 x 岁老年人的预期寿命为 T，那么，在满足生存期内期望效用最大化原则下的，初始持有财富（W_0）对老年人生存期内终身福利效用的边际效用为：

$$\begin{aligned} MU_x^{W_0}(T) &= \frac{\partial U(C_0, C_1, \cdots C_{T-1}, W_T)}{\partial W_0} \\ &= \sum_{t=0}^{T-1} \frac{\partial U(C_t)}{\partial W_0} + \frac{\partial B(W_T)}{\partial W_0} \\ &= \sum_{t=0}^{T-1} \frac{\partial U(C_t)}{\partial C_t} \times \frac{\partial C_t}{\partial W_0} + \frac{\partial B(W_T)}{\partial W_T} \times \frac{\partial W_T}{\partial W_0} \end{aligned} \tag{4-27}$$

与养老金收入的期望边际效用求解思路一致，可以综合式（4－12）、式（4－13）、式（4－17）、式（4－18）和式（4－19）得到：预期寿命为 T 老年人的初始持有财富（W_0）对其生存期内终身福利价值的边际效用：

$$\begin{aligned} MU_x^{W_0}(T) = & \sum_{t=0}^{T-1} \delta^t a_t^{\,1-\gamma} \left\{ W_0 \prod_{s=0}^{t} M_s + Y\left[\sum_{s=0}^{t} \left(\prod_{v=0}^{s} M_v \right) N_s + \frac{2+r}{1+r} \right] \right\}^{-\gamma} \\ & \left(\prod_{v=0}^{s} M_v \right) + \delta^T \left\{ W_0 \prod_{s=0}^{T} M_s + Y\left[\sum_{s=0}^{T} \left(\prod_{v=0}^{s} M_v \right) N_s \right] \right\}^{-\gamma} \\ & \left(\prod_{v=0}^{T} M_v \right) \end{aligned} \tag{4-28}$$

因为 x 岁老年人预期寿命为 T 的概率是 $_Tq_x$，对于任意 x 岁老年人来说，初始持有财富（W_0）对其生存期内终身福利的期望边际效用为：

$$\overline{MU_x^{W_0}} = E[MU_x^Y(T)] = \sum_{T=1}^{L-x} MU_x^Y(T)\,_Tq_x \tag{4-29}$$

二、老年人参与住房反向抵押贷款的终身效用变动

（一）不考虑赎回权情况下终身效用变动

老年人参与住房反向抵押贷款，金融机构将会拥有住房资产的未来处置权，最终通过处置老年人的房屋来收回累计贷款余额，对于申请者来说，虽然他们的消费边际效用会增加，但他们的财富边际效用可能会降低，权衡消费和

财富边际效用是老年人参与住房反向抵押贷款的重要需求决策规则。

在退休期间跨期效用模型构建中，我们已经推导出：在满足生存期内期望效用最大化原则下的，养老金收入（Y）的期望边际效用（$\overline{MU_x^Y}$）和初始持有财富（W_0）的期望边际效用（$\overline{MU_x^{W_0}}$）。另外，根据住房反向抵押贷款定价模型，如果 x 岁老年人决定参与住房反向抵押贷款，那么，其可以获取期望年金为 A_x，将会使每年养老金收入（Y）增加 A_x，因此在退休期间会带来生存期内终身效用增加 $A_x \times \overline{MU_x^Y}$；同时，由于老年人申请了住房反向抵押贷款，其初始住房财富 HP_x 将会减少，因此在退休期间也会带来生存期内终身效用损失：$HP_x \times \overline{MU_x^{W_0}}$。

另外，根据家庭资产配置相关研究，遗赠动机是影响家庭消费－储蓄决策的重要约束因素，会显著影响居民消费倾向和资产配置效率。本研究引入遗赠动机强度参数 $\rho \in [0,1]$，构建了遗赠动机约束下老年人参与住房反向抵押贷款的终身效用变动模型：

$$\Delta U_1 = A_x \times \overline{MU_x^Y} - \frac{\rho}{1-\rho} \times HP_x \times \overline{MU_x^{W_0}} \tag{4-30}$$

其中，ρ 取值在［0,1］之间，当参数 ρ 越大时，老年人的遗赠动机越强，对其边际消费倾向限制越强；反之，当参数 ρ 越小时，老年人的遗赠动机越弱，对其边际消费倾向限制越弱。

研究命题 4－1 根据构建的遗赠动机约束下老年人参与住房反向抵押贷款的终身效用模型（4－30），可以利用我国的房价指数、市场利率、最新经验生命表等人口与经济数据进行模拟验证：在遗赠动机约束情况下，参与无赎回选择权的住房反向抵押贷款是否可以提升我国老年人退休期间的终身效用水平？

（1）如果 $\Delta U_1 \geqslant 0$ 时，在遗赠动机约束下，参加无赎回权住房反向抵押贷款，老年人在剩余生命期内消费边际效用增加大于遗产边际效用损失，可以实现退休期间终身期望效用最大化，则老年人参与无赎回权住房反向抵押贷款是最优选择。

（2）如果 $\Delta U_1 < 0$ 时，在遗赠动机约束下，参加无赎回权住房反向抵押贷款，老年人在剩余生命期内消费边际效用增加小于遗产边际效用损失，即较高遗赠动机限制了老年人退休期间终身期望效用的实现，从而会降低住房反向抵押贷款市场的参与意愿。

（二）考虑赎回权情况下的终身效用变动

嵌入赎回选择权的住房反向抵押贷款，允许借款人的继承人在贷款期结束时（老年人去世时刻），自由选择偿还贷款本息赎回房产或者放弃房产，可以实现保留部分住房遗产的选择权功能，对申请人来说隐含着期权价值。

因此，如果参与嵌入赎回选择权的住房反向抵押贷款，老年人每期需要承担期权费用为 π_x，则实际获取期望年金收入为 $A_x - \pi_x$，因此，老年人在退休期间会带来生存期内终身效用增加 $(A_x - \pi_x) \times \overline{MU_x^Y}$；同时，由于继承人可以获取遗产赎回选择权，隐含着住房期权价值 R_x，实际住房财富损失为 $HP_x - R_x$，因此，老年人在退休期间也会带来生存期内终身效用损失 $(HP_x - R_x) \times \overline{MU_x^{W_0}}$。那么，参与嵌入赎回选择权的住房反向抵押贷款，在遗赠动机约束下老年人在退休期间的终身效用变动：

$$\Delta U_2 = (A_x - \pi_x) \times \overline{MU_x^Y} - \frac{\rho}{1-\rho} \times (HP_x - R_x) \times \overline{MU_x^{W_0}} \qquad (4-31)$$

其中，ρ 取值在 [0,1] 之间，当参数 ρ 越大时，老年人的遗赠动机越强，对其边际消费倾向限制越强；反之，当参数 ρ 越小时，老年人的遗赠动机越弱，对其边际消费倾向限制越弱。

研究命题 4-2　根据构建的参与嵌入赎回选择权的住房反向抵押贷款的终身效用模型（4-31），可以利用我国的房价指数、市场利率、最新经验生命表等人口与经济数据进行验证：在遗赠动机约束情况下，参加嵌入赎回选择权的住房反向抵押贷款是否可以提升我国老年人退休期间的终身效用水平？

（1）如果 $\Delta U_2 \geqslant 0$ 时，在遗赠动机约束下，参与嵌入赎回选择权的住房反向抵押贷款，老年人在剩余生命期内的消费边际效用增加大于遗产边际效用损失，可以实现退休期间终身期望效用最大化，则参与嵌入赎回权住房反向抵押贷款将是最优选择。

（2）如果 $\Delta U_2 < 0$ 时，在遗赠动机约束下，参加嵌入赎回选择权的住房反向抵押贷款，老年人在剩余生命期内的消费边际效用增加小于遗产边际效用损失，则我国住房反向抵押贷款市场的潜在需求意愿就会降低。

三、遗赠动机临界值计算

（一）不考虑赎回权情况下遗赠动机的临界值

不考虑赎回权情况下，老年人参与住房反向抵押贷款的行为决策规则为：老年人在剩余生命期内需要满足消费边际效用增加大于遗产边际效用损失，即能够实现退休期间终身期望效用最大化：$\Delta U_1 = A_x \times \overline{MU_x^Y} - \frac{\rho}{1-\rho} \times HP_x \times \overline{MU_x^{W_0}} \geqslant 0$。因此，可以进一步推导出，老年人愿意参与住房反向抵押贷款的遗赠动机临界值：

$$\rho_1^* = \frac{A_x}{A_x + HP_x \times \frac{\overline{MU_x^{W_0}}}{\overline{MU_x^Y}}} = \frac{A_x}{A_x + HP_x \times \overline{MU_x^{W_0,Y}}} \tag{4-32}$$

老年人实际遗赠动机（ρ）低于遗赠动机临界值（ρ_1^*）时，老年人参与住房反向抵押贷款，才可以实现个人退休期间终身期望效用增加。因此，遗赠动机临界值（ρ_1^*）越低，遗赠动机对老年人参与住房反向抵押贷款的约束作用越强。

（二）高认知水平情况下遗赠动机的临界值

如果老年人对住房反向抵押贷款的认知水平较高，将会识别出赎回选择权的遗产保护功能，其将会在考虑赎回选择情况下进行需求决策。

那么，在高认知水平情况下，老年人参与住房反向抵押贷款的行为决策规则为：基于考虑赎回选择权的认知判断，老年人在剩余生命期内需要满足消费边际效用增加大于遗产边际效用损失，即能够实现退休期间终身期望效用最大化：$\Delta U_2 = (A_x - \pi_x) \times \overline{MU_x^Y} - \frac{\rho}{1-\rho} \times (HP_x - R_x) \times \overline{MU_x^{W_0}} \geqslant 0$。因此，可以推导出：高认知水平情况下老年人愿意参与住房反向抵押贷款的遗赠动机临界值：

$$\rho_2^* = \frac{A_x - \pi_x}{A_x - \pi_x + (HP_x - R_x) \times \frac{\overline{MU_x^{W_0}}}{\overline{MU_x^Y}}} = \frac{A_x - \pi_x}{A_x - \pi_x + (HP_x - R_x) \times \overline{MU_x^{W_0,Y}}} \tag{4-33}$$

老年人实际遗赠动机（ρ）低于遗赠动机临界值（ρ_2^*）时，老年人参与住房反向抵押贷款，才可以实现个人退休期间终身期望效用增加。因此，遗赠动机临界值（ρ_2^*）越低，遗赠动机对老年人参与住房反向抵押贷款的约束作用越强。

第三节　数据来源和参数估计

一、数据来源

本书选取2005年1月至2019年8月的上海二手房价格变动指数来反映房价变动情况，数据来自中国房地产指数系统（China Real Estate Index System）和上海房产之窗房地产信息有限公司，共计176个月度时间序列数据[①]。同时，根据2019年上海市房地产市场信息，可以估算出80平方米住房的初始市场价值（H_0）约为300万元。另外，根据上海市卫生健康委员会联合上海市老龄工作委员会等部门发布的《2019年上海市老年人口和老龄事业监测统计信息》[②]，上海市退休居民的年收入（Y）平均为5万元/年。刘鹭（2016），张琳琬和吴卫星（2016）等利用我国家庭消费数据，有效估计了我国居民的平均相对风险厌恶系数，考虑退休居民的风险感知逐渐增强，风险厌恶程度相对较高，本书将风险厌恶系数（λ）确定为0.95。

根据2019年中国银保监会的普通型人身保险保单法定评估利率[③]，本书确定住房反向抵押贷款合同贷款定价利率（r）为3.5%；同时选取2019年中国人民银行公布[④]的三年期存款利率2.75%，作为老年人终身效用的贴现率；另外，根据中国保监会批复的《人保寿险安居乐老年人住房反向抵押养老保险》

① 数据来源参考：https：//creis. fang. com.

② 数据来源参考：http：//wsjkw. sh. gov. cn/tjsj2/20200527/06873e6ec8f54a158c25475dbbb574a6. html.

③ 数据来源参考：http：//www. gov. cn/xinwen/2019－09/02/content_5426431. htm.

④ 数据来源参考：http：//www. pbc. gov. cn/diaochatongjisi/116219/116319/index. html.

的保险条款和保险费率表[①]，可以估计住房反向抵押贷款的费用率（α）为6%。

根据中国保监会最新公布的《中国人寿保险业经验生命表（2010～2013）》[②] 养老金业务的CL3和CL4列，得到不同年龄的男性和女性的当年死亡概率 q_x。

二、房价模拟估计

1. 平稳性检验：首先对2005年1月至2019年8月上海房地产指数（H_t）进行平稳性检验。本书采用ADF单位根检验法对 H_t 进行平稳性检验，检验模型如下：

$$\Delta X_t = \delta X_{t-1} + \sum_{i=1}^{m} \theta_i \Delta X_{t-i} + \varepsilon_t \tag{4-34}$$

$$\Delta X_t = \alpha + \delta X_{t-1} + \sum_{i=1}^{m} \theta_i \Delta X_{t-i} + \varepsilon_t \tag{4-35}$$

$$\Delta X_t = \alpha + \gamma T + \delta X_{t-1} + \sum_{i=1}^{m} \theta_i \Delta X_{t-i} + \varepsilon_t \tag{4-36}$$

其中，X_{t-1}代表 H_t 滞后一期的数据；ΔX_t 和 ΔX_{t-i}分别是 H_t 第 t 期和滞后 i 期的一阶差分；ε_t 是独立随机误差项。如果上海房地产指数（H_t）是长期平稳的，那么 δ 应该严格小于零。

表4－1显示了上海房地产指数（H_t）平稳性检验结果。ADF检验值（t = －0.396268）的绝对值均小于三个水平值的绝对值，所以上海房地产指数序列具有单位根，是非平稳序列。因此上海住宅价格指数服从随机游走过程的假设。

表4－1　　平稳性检验结果

Null Hypothesis: HT has a unit root		
Lag Length: 10 (Automatic－based on AIC, maxlag = 13)		
	t－Statistic	Prob.*
Augmented Dickey－Fuller test statistic	－0.396268	0.9058

① 数据来源参考：http://insurance.jrj.com.cn/2016/10/14000021572153.shtml.

② 数据来源参考：http://xizang.circ.gov.cn/web/site0/tab5168/info4054990.htm. http://blog.sina.com.cn/s/blog_625428ee0102wzv7.html.

续表

Test critical values:	1% level	-3.470179	—
	5% level	-2.878937	—
	10% level	-2.576124	—
* MacKinnon (1996) one - sided p - values.			

Note: Test critical values of all variables are based on individual result of ADF test, which gives rise to MacKinnon (1996) one - sided p - values.

2. 住房价值的蒙特卡罗模拟：我们首先利用2005年1月至2019年8月上海房地产指数（H_t）的176个月度数据，通过对数增长率法计算出上海房屋价格的月度增长率（μ_t）（如图4－1所示）。然后，利用2005年1月至2019年8月上海房地产指数月度房价增长率（μ_t），计算出房价对数增长率的期望均值：$\mu = \frac{\sum_{t=1}^{n} \mu_t}{n} = 0.008322$（其中 $n = 175$）；根据 $\sigma = \sqrt{\frac{\sum_{t=1}^{n}(\mu_t - \mu)^2}{n-1}}$ 计算出房价

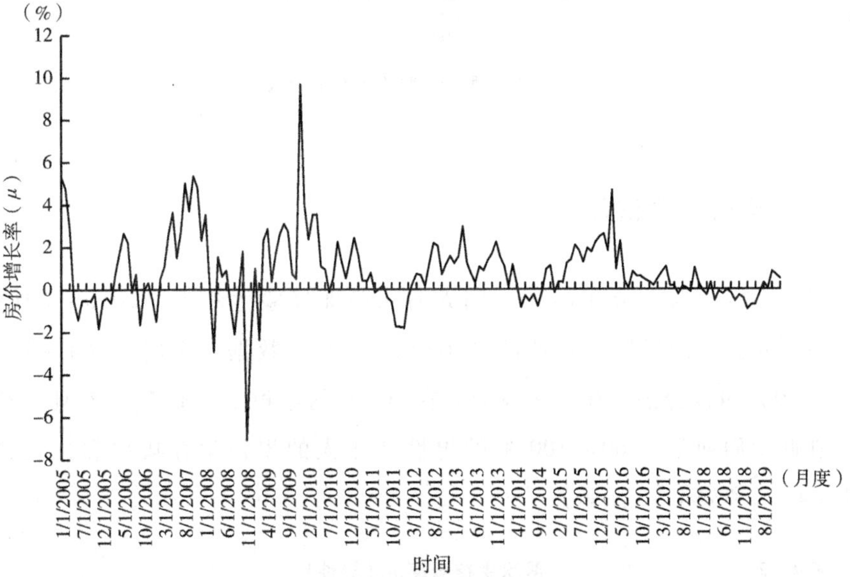

图4－1　上海房屋价格的月增长率（2005年1月至2019年8月）

注：根据月度上海房地产指数 $H_t(t = 1, 2, \cdots, 176)$，计算出175个连续复合的房价月度增长率，计算公式为：$\mu_t = \ln\left(\frac{H_t}{H_{t-1}}\right), t = 1, 2, \cdots, 175$。

增长率的标准差为0.0174，即为房价变动的波动率（σ）。然后根据房价波动模型式（4－6）进行蒙特卡罗模拟，可以得到上海市未来45年内住房价值的变动路径（初始住房价值H_0为300万元）。则第T年的住房价值如图4－2所示。

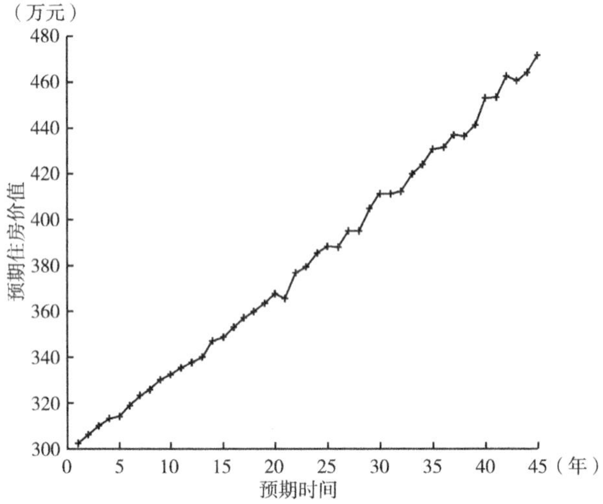

图4－2　预期住房价值模拟结果

三、预期寿命估计

根据中国保监会公布的《中国人寿保险业经验生命表（2010～2013）》中的不同年龄x的男性和女性的当年死亡概率q_x数据，应用式（4－7）和式（4－9）可以分别计算出x岁的人在第t年的累积生存概率${}_tp_x$和死亡概率${}_tq_x$，在此我们列举了60～100岁的男性老年人的累积生存概率和死亡概率（如表4－2和表4－3所示）。

表4－2　累积生存概率${}_tp_x$（男性）

t	$x=60$	$x=65$	$x=70$	$x=75$	$x=80$	$x=85$	$x=90$	$x=95$	$x=100$
1	0.9953	0.9930	0.9891	0.9795	0.9555	0.9178	0.8651	0.7855	0.6716
5	0.9728	0.9589	0.9323	0.8638	0.7390	0.5847	0.4076	0.2247	0.0883
10	0.9328	0.8939	0.8054	0.6384	0.4321	0.2383	0.0916	0.0198	0

续表

t	$x=60$	$x=65$	$x=70$	$x=75$	$x=80$	$x=85$	$x=90$	$x=95$	$x=100$
15	0.8697	0.7722	0.5952	0.3733	0.1761	0.0535	0.0081	0	0
20	0.7513	0.5707	0.3480	0.1521	0.0396	0.0047	0	0	0
25	0.5552	0.3337	0.1418	0.0342	0.0035	0	0	0	0
30	0.3246	0.1360	0.0319	0.0030	0	0	0	0	0
35	0.1323	0.0306	0.0028	0	0	0	0	0	0
40	0.0297	0.0027	0	0	0	0	0	0	0
45	0.0026	0	0	0	0	0	0	0	0

表 4-3　　累积死亡概率$_tq_x$(男性)

t	$x=60$	$x=65$	$x=70$	$x=75$	$x=80$	$x=85$	$x=90$	$x=95$	$x=100$
1	0.0050	0.0076	0.0119	0.0235	0.0488	0.0837	0.1282	0.1843	0.2383
5	0.0068	0.0104	0.0191	0.0384	0.0608	0.0789	0.0874	0.0738	0.0883
10	0.0102	0.0184	0.0358	0.0525	0.0583	0.0511	0.0301	0.0198	0
15	0.0179	0.0344	0.0489	0.0503	0.0378	0.0176	0.0081	0	0
20	0.0334	0.0469	0.0469	0.0326	0.0130	0.0047	0	0	0
25	0.0456	0.0450	0.0304	0.0112	0.0035	0	0	0	0
30	0.0438	0.0292	0.0105	0.0030	0	0	0	0	0
35	0.0284	0.0100	0.0028	0	0	0	0	0	0
40	0.0098	0.0027	0	0	0	0	0	0	0
45	0.0026	0	0	0	0	0	0	0	0

四、赎回权期权价值估计

根据 B~S 期权定价模型假设，房价应服从对数正态分布，而其对数增长率应服从正态分布。根据已经计算出上海房屋价格对数增长率的均值：$\bar{\mu}=0.8322\%$和房价变动的波动率：$\sigma=0.0174$，可以得出房价波动的离散模型公式：$\ln H_{t+\Delta t}-\ln H_t=\left(\mu-\frac{\sigma^2}{2}\right)\Delta t+\sigma\varepsilon\sqrt{\Delta t}$来验证房屋价格是否服从对数正态分布。

使用 MATLAB 2016b 软件对已经对数化的房价数据进行正态分布拟合，得到房价增长率（μ_t）的频率分布图（如图 4-3 所示）。图 4-3 显示了上海市

2005 年 1 月至 2019 年 8 月的房价指数的对数增长率近似服从正态分布，符合 B ~ S 期权定价模型的假设。

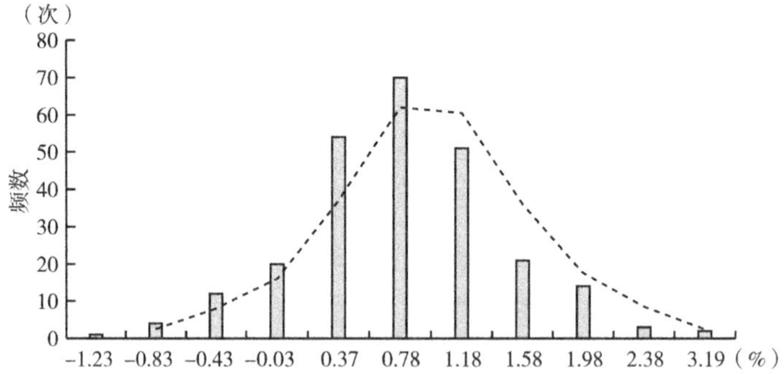

图 4-3　房价对数增长率频率

由于已经假设房产初始价值为 300 万元（$H_0=300$），可以根据式（4-2）估计出不同初始年龄老年人的每期养老金收入 A_x。根据住房反向抵押贷款合同定价利率 $r=3.5\%$，我们可以利用式（4-11）估计出不同初始年龄老年人的累计贷款成本 $B_x(T)$。然后，选择中国 2019 年五年期国债利率作为无风险利率：$r_f=2.25\%$。可以根据式（4-10）和式（4-3）计算出 x 岁老年人的赎回权期望价值 $E(R_x(T))$。在此，本书列举了 60 ~ 80 岁男性老年人的赎回权期望价值（如图 4-4 所示）。

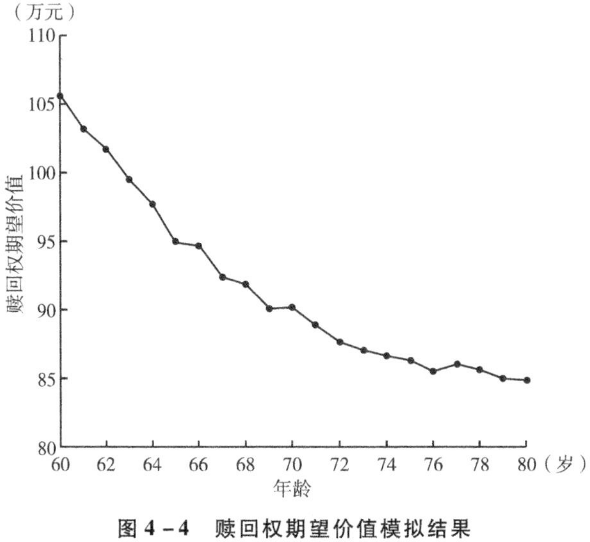

图 4-4　赎回权期望价值模拟结果

第四节 模拟结果分析

一、遗赠动机约束机制的识别

本书选取初始年龄60～80岁的男性老年人为例，假设其拥有初始价值为300万元房产（$H_0=300$）。为了模拟遗赠动机约束下老年人参与住房反向抵押贷款需求决策规则，让参数ρ分别取值为0.2、0.3、0.4、0.5、0.6来反映老年人的遗赠动机强度。

由于权衡“消费边际效用增加”和“遗赠边际效用损失”是老年人参与住房反向抵押贷款的重要需求决策规则，本书基于主要数据和参数估计结果，根据式（4-32）和式（4-34），利用MATLAB 2016b软件，在无赎回权和嵌入赎回权的两种模式下，分别模拟出遗赠动机约束下老年人参与住房反向抵押贷款的退休期间终身期望效用变动情况，进而探究遗赠动机是否是我国住房反向抵押贷款“有效需求”的主要行为约束机制？（具体模拟结果见图4-5和图4-6）。

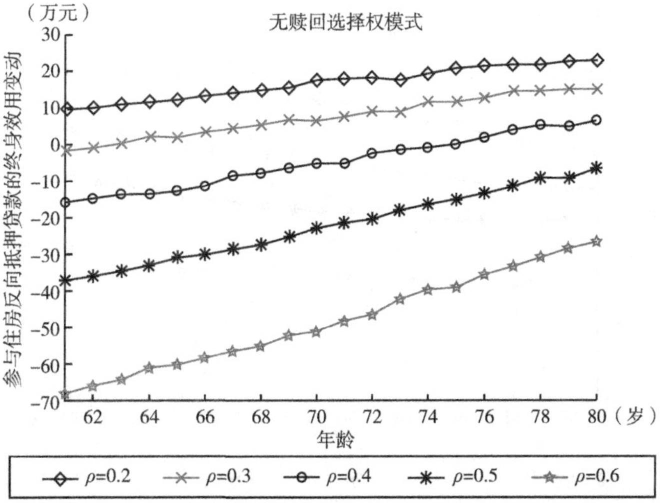

图4-5 参与无赎回选择权住房反向抵押贷款的终身期望效用变动

通过图4－5模拟结果可以看出：60～80岁的老年人参与无赎回选择权住房反向抵押贷款后，生命期内终身期望效用变动会随着遗赠动机强度的增加而逐渐降低。其中：在老年居民的遗赠动机强度较弱情况下（$\rho=0.2/\rho=0.3$），老年人参与住房反向抵押贷款后，其剩余生命期内的消费边际效用增加仍然会大于遗产边际效用损失，可以实现退休期间终身期望效用最大化，那么老年人参与住房反向抵押贷款是最优选择。但是，在老年居民的遗赠动机较强情况下（$\rho=0.4/\rho=0.5/\rho=0.6$），老年人参与住房反向抵押贷款带来的消费边际效用增量不足以弥补老年人置换房产带来的遗产边际效用损失，会导致其退休期间终身期望效用变动为负数，因此，老年人将不会选择参与住房反向抵押贷款模式。

尽管住房反向抵押贷款是一种有效缓解养老压力的养老金融产品，可以将未来固定的住房价值有效平滑转移成当前现金流，用来支撑多样化的养老支出，提高消费边际效用和规避长寿风险。但是，居民遗赠动机的存在，将会显著削弱老年人在退休期间的边际消费倾向，影响着老年人生存期内终身期望效用实现。我国退休居民受传统“养儿防老”思想影响较为深刻，同时住房资产占家庭资产比重较高，老年人会表现出较强的住房遗赠倾向，遗赠动机强度一般高于美国等发达国家，因此，较高的遗赠动机强度是我国住房反向抵押贷款市场有效需求不足的重要约束因素。

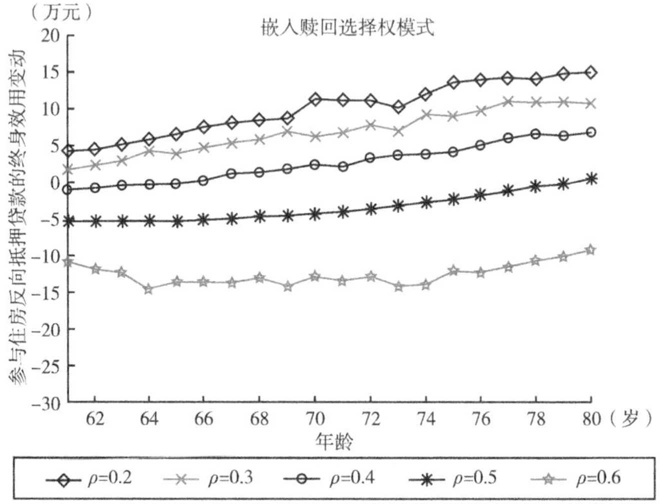

图4－6 参与嵌入赎回选择权住房反向抵押贷款模式的终身期望效用变动

另外，参与嵌入赎回权的住房反向抵押贷款模式（允许其继承人在贷款合同终止时，根据当时的房产价值和累积贷款情况选择是否赎回房产），可以实现保留部分遗产价值的选择权，遗赠动机对老年人生命期内终身期望效用的约束作用将会降低。根据图 4－6 可以看出：（1）当遗赠动机强度在 $\rho=0.4$ 的情况下，老年人参与住房反向抵押贷款仍然可以满足消费边际效用大于遗产边际损失，实现退休期间剩余生命期内的终身期望效用增加；（2）当遗赠动机强度在 $\rho\geqslant0.5$ 的情况下，尽管老年人参与住房反向抵押贷款的终身期望效用变动仍然为负数，但是相比较无赎回权模式，参与嵌入赎回权住房反向抵押贷款的边际效用损失的幅度得到缓解；（3）与其他国家相比，我国居民受“遗产继承”传统文化观念影响，普遍具有较强的遗赠动机，因此，在当前中国情境下，嵌入赎回权的住房反向抵押贷款具有更好适应性，一定程度上可以缓解遗赠动机对住房反向抵押贷款需求意愿的约束影响。

二、遗赠动机临界值模拟结果

根据式（4－35）和式（4－36）利用 MATLAB 2016b 数值分析软件，分别模拟具有赎回权和无赎回权模式的老年人愿意参与住房反向抵押贷款遗赠动机临界值 ρ_1^* 和 ρ_2^*（见图 4－7）。通过模拟结果可以看出：对于不同年龄的老年人，具有赎回权模式的遗赠动机临界值（ρ_2^*）始终大于无赎回权模式的遗赠动机临界值（ρ_1^*）。

老年人参与嵌入赎回权的住房反向抵押贷款模式，可以实现保留部分遗产价值的选择权，一定程度上可以减弱遗赠动机对住房反向抵押贷款需求决策的约束影响。因此，在当前中国情境下，嵌入赎回权的住房反向抵押贷款模式具有更好的适应性。但是，住房反向抵押贷款作为创新型养老金融产品，具有格式化、专业化和复杂性的特点，要理解其基本原理和遗产保护功能，我国居民需要具有一定金融认知，然而，目前我国住房反向抵押贷款的推广方案不够完善，导致我国居民对住房反向抵押贷款的参与决策都是基于无赎回选择权模式的认知理解，进而约束着我国住房反向抵押贷款市场的有效需求。

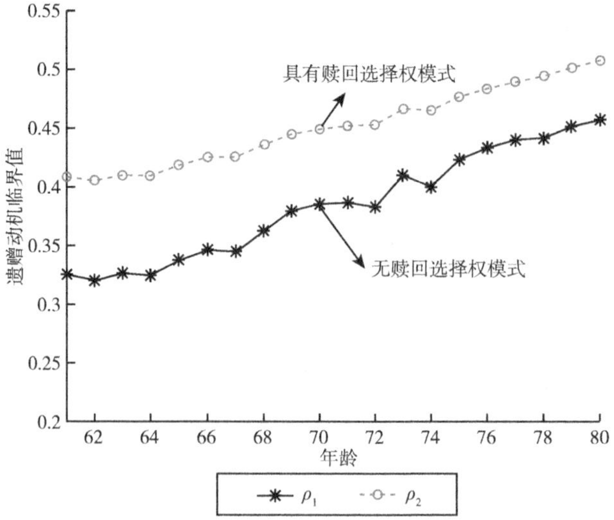

图 4-7　老年人愿意参与住房反向抵押贷款的遗赠动机临界值

第五节　主要参数的敏感性分析

从老年人参与住房反向抵押贷款的终身效用变动模型可以看出，定价利率（r）、初始费率（α）、风险偏好（γ）、退休金收入（Y）等参数对老年人终身效用变动有重要影响，因此，有必要对前面模拟分析结果进行参数敏感性分析。本书以 70 岁男性老年人为例，并假设老年人的遗赠动机强度为 $\rho=0.2$，进一步模拟出主要参数对老年人参与住房反向抵押贷款的终身效用变动影响。

一、定价贷款利率的敏感性分析

为了分析定价利率对老年人参与住房反向抵押贷款的终身期望效用变动影响，本书在基础情景上，模拟出不同定价利率下老年人参与住房反向抵押贷款（HRM）的终身期望效用情况（如图 4-8 所示）。

未来市场贷款利率的变动会影响住房反向抵押贷款定价利率，进而会影响老年人参与住房反向抵押贷款的终身期望效用。从图 4-8 可以看出：无论是无赎回权模式还是嵌入赎回权模式，老年人参与住房反向抵押贷款的终身期望效用会随着定价贷款利率的增加而降低。例如，定价贷款利率由基准情景3.5%增加到4.5%的时候，老年人参与嵌入赎回权HRM的终身期望效用由10.90万元下降到8.25万元；而参与无赎回权HRM的终身期望效用由17.47万元下降到14.76万元。主要原因是：定价利率越高，那么老年人参与住房反向抵押贷款的成本越高，根据保险精算原理计算的养老年金就越低。

然而，中国当前的经济转型使GDP增长率降至较低水平，政府提出货币增长应与名义GDP增长相匹配，这表明中国的未来的市场利率长期将会处于低利率时代。因此，目前老年人参与住房反向抵押贷款，既可以增加未来养老金水平实现较高的终身福利效用，又可以减轻政府、社会和家庭的养老财务压力。

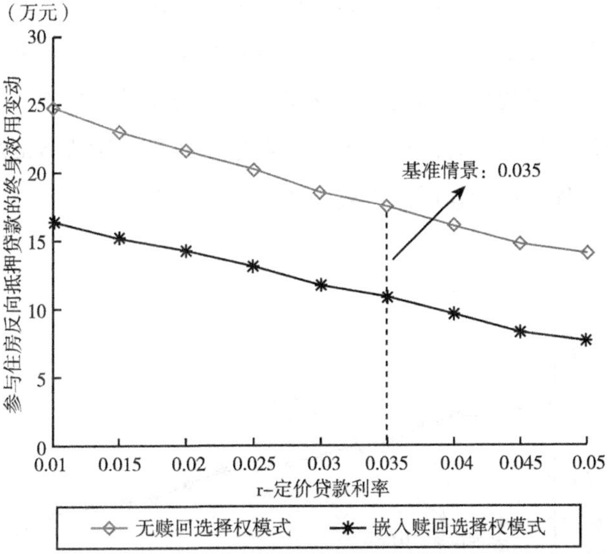

图4－8　定价贷款利率的敏感性模拟结果

二、初始费用率的敏感性分析

为了分析初始费用率对老年人参与住房反向抵押贷款的终身期望效用变动影响，本书在基础情景上，模拟出不同初始费用率下老年人参与住房反向抵押贷款的终身期望效用情况（如图 4 -9 所示）。

初始费用率是金融机构根据市场交易成本、业务费用以及超额收益确定的综合费用率，直接决定着老年人参与住房资产养老年金价值，进而会影响老年人参与 HRM 的终身期望效用。从图 4 -9 可以看出：无论是无赎回权模式还是嵌入赎回权模式，老年人参与住房反向抵押贷款的终身期望效用会随着初始费用率的增加而大幅降低。例如，初始费用率由基准情景 6% 增加到 10% 的时候，老年人参与嵌入赎回权 HRM 的终身期望效用由 10. 80 万元下降到 7. 42 万元，而参与无赎回权 HRM 的终身期望效用由 17. 39 万元下降到 15. 19 万元。

在中国，居民受传统“养儿防老”思想影响较为深刻，同时住房资产占家庭资产比重较高，老年人会表现出较强的住房遗赠动机，在住房反向抵押贷款实践运行中，遗赠动机会间接约束住房反向抵押贷款的需求意愿。因此，在当前中国情境下，为了有效推广住房反向抵押贷款模式，增加老年人的参与积极性，住房反向抵押贷款实施初期应该采取较低的初始费用率，而对于推出住房反向抵押贷款产品的金融机构，政府可以给予政策补贴或者减税政策，以利于住房反向抵押贷款模式在中国有效推广。

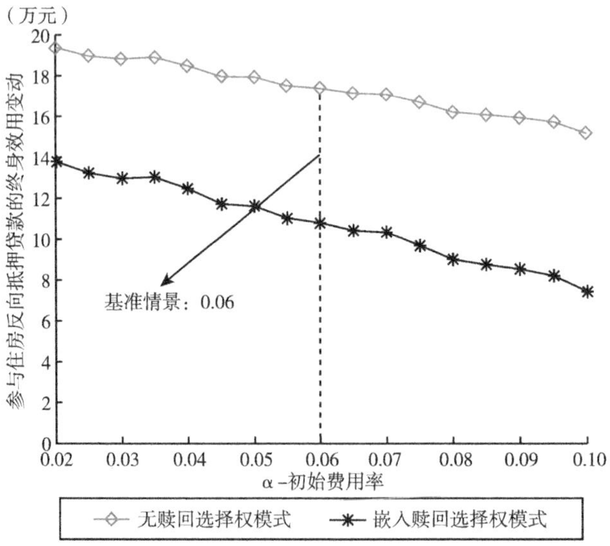

图 4 -9　初始费用率的敏感性模拟结果

三、风险偏好的敏感性分析

为了分析风险偏好对老年人参与住房反向抵押贷款的终身期望效用变动影响，本书在基础情景上，模拟出不同风险厌恶程度下老年人参与住房反向抵押贷款终身期望效用情况（如图 4－10 所示）。

从图 4－10 可以看出：老年人参与住房反向抵押贷款终身期望效用会随着风险厌恶程度的增加而大幅降低。例如，风险厌恶程度由基准情景 0.95 增加到 1.00 的时候，老年人参与嵌入赎回权 HRM 的终身期望效用由 10.31 万元下降到 6.24 万元，而参与无赎回权 HRM 的终身期望效用由 17.00 万元下降到 10.00 万元。主要原因是：风险态度是影响居民参与金融市场重要行为影响因素，风险厌恶程度较高的老年居民，对未来主观风险感知较为敏感，养老金融市场的参与意愿较低，更倾向于通过储蓄行为进行养老准备，因此，老年人风险厌恶度越高，则其参与住房反向抵押贷款的终身期望效用就会越低。

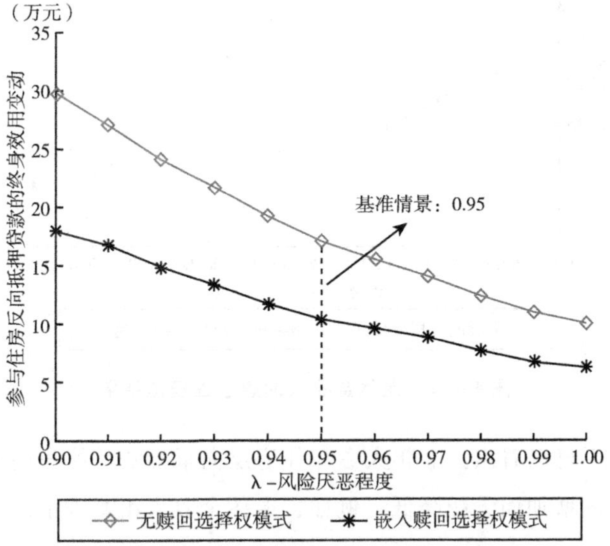

图 4－10　风险偏好的敏感性模拟结果

住房反向抵押贷款作为创新型养老金融产品，由于传统遗赠文化的约束、房地产市场的不稳定性、新型金融产品的复杂性等原因，导致住房反向抵押贷款被认为是高风险养老产品。因此，政府部门要不断完善公共金融知识获取渠道，提高我国居民对养老金融产品理性认知和信任机制，从而改善我国老年居民对住房反向抵押贷款市场的风险态度和风险感知，间接促进其参与住房反向抵押贷款的需求意愿。

四、退休金收入的敏感性分析

为了分析退休金收入对老年人参与住房反向抵押贷款的终身期望效用变动影响，本书在基础情景上，模拟出不同退休金收入下老年人参与住房反向抵押贷款的终身期望效用情况（如图4-11所示）。

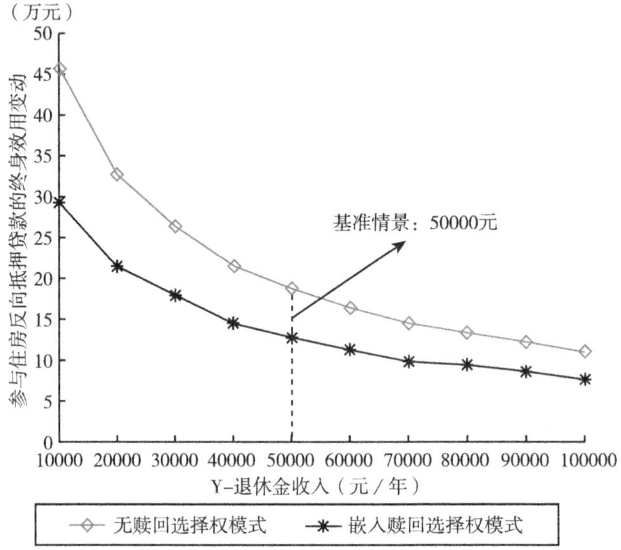

图4-11　退休金收入的敏感性模拟结果

从图4-11可以看出：老年人参与住房反向抵押贷款终身期望效用会随着初始退休收入的增加而大幅降低。例如，退休金收入由基准情景5万元增加到10万元的时候，老年人参与嵌入赎回权HRM的终身期望效用由12.85万元下降到7.72万元，而参与无赎回权HRM的终身期望效用由18.77万元下降到11.01万元。主要原因是：老年人的日常退休金收入越高，其养老储备、社会保险等养老保障来源相对稳定，未来养老金不足的风险感知相对较低，则其参与住房反向抵押贷款的终身期望效用就会越低。这也充分说明了住房反向抵押贷款作为养老保障的补充方式，其主要参与对象是“退休金不足、养老储备缺乏和社会保险不稳定”的老年群体。然而，随着我国老龄化的逐步推进，老年居民为实现“美好生活目标”的需求，有关健康、生活、护理等方面的消费预期会逐渐增强，因此住房反向抵押贷款的参与群体会逐渐增加。

第六节　研究结论

住房反向抵押贷款能够有效整合房地产市场、金融市场和保险市场的综合优势，是对传统养老保障方式的有益补充。老年人申请住房反向抵押贷款，以拥有产权的住房做抵押，向金融机构借款获取养老年金，同时仍然保留房屋的居住权，住房反向抵押贷款利用人的自然寿命和住房使用寿命的差异，把老年人去世后住房的余值提前予以贴现，用以弥补养老期间的收入来源，使老年居民的住房财富得到尽可能合理配置。该模式已经在美国、加拿大、英国、荷兰、日本、韩国和新加坡等多个国家赢得认可，得到众多老年人的积极响应。尽管国家持续出台住房反向抵押贷款试点、实施和推广政策，但在我国运行实践中，住房反向抵押贷款市场发展并不尽如人意，实际签约率较低，出现了“有效需求不足”状况。因此，本部分借鉴跨期效用决策模型，在追求生命周期内期望效用最大化原则下，推导出老年人参与住房反向抵押贷款的需求决策规则，并利用我国现阶段人口与经济数据，从老年人微观需求角度分析了其参与住房反向抵押贷款的终身期望效用变动情况，探索和识别了影响我国住房反向抵押贷款有效需求的主要约束机制。

研究发现：（1）权衡消费边际效用增加和遗赠边际效用损失是参与住房反向抵押贷款的主要决策规则，而我国居民受传统“养儿防老”思想影响较为深刻，同时住房资产占家庭资产比重较高，老年人会表现出较强的住房遗赠倾向，因此，较高遗赠动机强度是我国住房反向抵押贷款市场有效需求不足的重要约束机制。（2）参与具有赎回选择权的住房反向抵押贷款可以实现保留部分遗产价值的选择权，可以减少遗产损失变动，一定程度上可以缓解遗赠动机对老年人需求意愿的约束影响，因而更适合遗赠动机较强的我国退休居民。

(3) 进一步通过主要参数的敏感性分析，研究发现：定价利率、初始费用、风险厌恶程度、退休金收入等经济或行为因素，与老年人参与住房反向抵押贷款的终身期望效用成反比，也会限制我国老年人住房反向抵押贷款潜在需求意愿。

本部分是对我国住房反向抵押贷款有效需求约束机制的理论探索，通过构建跨期效用模型，模拟分析了我国老年人参与住房反向抵押贷款的需求决策过程，并有效识别了遗赠动机是我国住房反向抵押贷款有效需求的关键约束机制。而在中国现实情景中，能否有效测度我国老年居民的遗赠动机和认知能力，从而实证检验其对我国住房反向抵押贷款有效需求的影响机制？本部分通过我国城市退休居民的现实调研数据，实证分析了我国老年人参与住房反向抵押贷款需求意愿的影响因素，是检验需求决策理论模型和探索住房反向抵押贷款模式有效运行的现实基础。本书的后续章节，将分别选择住房反向抵押贷款的试点城市和推广城市为调研区域，对城市退休居民的人口特征、家庭环境、住房反向抵押贷款方案评价和改革建议等方面进行实地调研，实证考察遗赠动机对我国住房反向抵押贷款需求意愿的影响机制。

第五章　遗赠动机对住房反向抵押贷款需求意愿约束影响的实证分析

第一节　遗赠动机约束机制理论分析

住房反向抵押贷款模式能够有效整合和发挥房地产市场、保险市场和金融市场的综合优势，是对传统养老保障方式的有益补充。因此，住房反向抵押贷款作为一种创新型养老金融资方式，受到了社会各方面的关注。在我国老龄化加剧、养老支出增加、住房自有比例较高等基本环境下，开展反向抵押贷款模式，可以将社会存量住房资产转化为养老资源，以解决“房产富人、现金穷人”的养老现状。因此，我国政府开始探索住房反向抵押贷款模式运行机制，在 2014 年，我国住房反向抵押贷款模式开始在上海、北京、广州和武汉试点；在 2018 年，中国银保监会印发《中国银保监会关于扩大老年人住房反向抵押养老保险开展范围的通知》，将老年人住房反向抵押养老保险从此前的试点城市扩大到全国范围开展。尽管国家陆续出台住房反向抵押贷款实施政策，但是由于传统文化的约束、房地产市场的不稳定以及作为新型金融产品的复杂性，我国住房反向抵押贷款市场出现了“有效需求不足”的状况。

中国学者对住房反向抵押贷款的需求意愿进行实证研究发现：文化程度、家庭收入、职业类型、家庭结构、子女数量、政策了解程度等是老年人参与住房反向抵押贷款的主要影响因素。[①][②][③] 实际上，这种现状不仅出现在中国，在

---

① 陈秉正，高名，刘晓菲．住房反向抵押养老保险需求分析 [J]．保险研究，2015 (5)：121－128.

② 石振武，袁甜甜．以房养老需求意愿及影响因素研究——基于有序 Logistic 模型 [J]．调研世界，2016 (7)：47－52.

③ 瞿小敏．“以房养老”可行性分析：基于老年人的需求及意愿 [J]．人口与社会，2017，33 (3)：64－71.

一些住房反向抵押贷款市场成熟的地区，在实践初期也遇到了住房反向抵押贷款有效需求小于预期的现象。那么，是什么行为约束机制影响着住房反向抵押贷款的需求意愿？

基于2012年美国健康和退休研究（Health&Retirement Study）数据，Swan（2016）[①] 对住房反向抵押贷款需求意愿进行了实证分析，研究认为老年人的风险偏好和市场信任度是住房反向抵押贷款有效需求主要约束因素；而Dillingh等（2017）[②] 根据家庭追踪调查数据证实：老年人的社会互动能力、养老支出预期、长期护理保险持有状况等行为因素对住房反向抵押贷款需求意愿具有显著约束影响。而Davidoff等（2017）[③] 则研究认为：老年人金融教育程度偏低是需求意愿的主要限制因素，并建议住房反向抵押贷款合同条款要设计的通俗理解，有利于老年人的理性需求决策。总之，大部分住房反向抵押贷款需求意愿的经验研究认为，老年人微观行为因素决定着住房反向抵押贷款的有效需求。但是，由于各个国家或地区，在制度环境、文化传统等方面差别较大，住房反向抵押贷款有效需求的主要限制因素可能存在差异。

中国具有根深蒂固的家庭资产遗赠文化，尤其是家庭资产中的住房资产。老年人参与住房反向抵押贷款，金融机构将会拥有住房资产的未来处置权，最终通过处置老年人的房屋来收回累计贷款余额，对于申请者来说，虽然他们的消费边际效用会增加，但他们的遗赠边际效用可能会降低，权衡消费和遗赠效用是中国老年人参与住房反向抵押贷款的重要行为决策规则。但是，目前国内外有关住房反向抵押贷款的行为需求决策研究，并未充分考虑遗赠动机作用机理。其中，Nakajima和Telyukova（2017）[④] 在住房反向抵押贷款需求决策研究中，提及了遗赠动机的影响作用，但并未对此展开充分论证。究其原因，主要是由于西方国家的遗产税较高，同时崇尚自由主义，遗赠动机影响作用

① Swarn C. Reverse Mortgage Participation in the United States: Evidence from a National Study [J]. International Journal of Financial Studies, 2016, 4 (1): 1-10.

② Dillingh R, Prast H, Rossi M, et al. Who wants to have their home and eat it too? Interest in reverse mortgages in the Netherlands [J]. Journal of Housing Economics, 2017, 38 (1): 25-37.

③ Davidoff T, Gerhard P, Post T. Reverse Mortgages: What Homeowners (Don't) Know and How it Matters [J]. Journal of Economic Behavior & Organization, 2017, 133 (1): 151-171.

④ Nakajima M, Telyukova I A. Reverse Mortgage Loans: A Quantitative Analysis [J]. Journal of Finance, 2017, 72 (2): 911-950.

相对较小，而中国家庭的住房资产约占总资产的 77.7%，是家庭财富积累和代际转移的重要纽带，遗赠动机的约束影响不容忽视。目前有关遗赠动机的经验研究，更多是应用在家庭消费 - 储蓄决策的研究领域。例如，Lim 和 Kwak（2016）①、Choi 等（2016）②、Hamaaki 等（2019）③、Suari - Andreu 等（2019）④ 等分别利用问卷调查和行为实验，有效测度了居民遗赠动机强度，并证实遗赠动机显著降低了居民消费倾向和家庭风险资产配置比例。而 Niimi 和 Horioka（2019）⑤ 则根据 2015 年日本家庭和储蓄调查数据考察了遗赠动机对退休居民的消费与储蓄行为影响，并研究认为：遗赠动机的存在是老年人财富消费减缓重要原因。

基于上述论述，遗赠动机是影响家庭消费 - 储蓄决策的重要约束因素，而参与住房反向抵押贷款模式，同样会间接影响老年人的家庭资产配置行为，但是，目前有关住房反向抵押贷款需求意愿的经验研究，疏于实证探究遗赠动机约束影响机制。另外，在东亚国家，尤其是在中国，居民受传统儒家思想影响深刻，遗赠动机的形成机制更为复杂，老年人的遗赠动机除了表现出利己遗赠动机（战略性遗赠动机），还会表现出较强利他遗赠动机，而目前学术界从利己和利他遗赠动机角度，考察住房反向抵押贷款需求意愿的约束影响的经验研究更加不多见。

根据目前有关遗赠动机的理论研究⑥⑦，居民的遗赠动机主要表现为利己

---

① Lim B H, Kwak M. Bequest motive and incentive to retire: Consumption, investment, retirement, and life insurance strategies [J]. Finance Research Letters, 2016, 16 (2): 19 - 27.

② Choi S, Kim S, Shim G. Effect of lifetime uncertainty on consumption/investment with luxury bequest motives [J]. Finance Research Letters, 2016, 17: 275 - 279.

③ Hamaaki J, Hori M, Murata K. The intra - family division of bequests and bequest motives: empirical evidence from a survey on Japanese households [J]. Journal of Population Economics, 2019, 32 (1): 309 - 346.

④ Suari - Andreu E, Alessie A, Angelini V. The retirement - savings puzzle reviewed: The role of housing and bequests [J]. Journal of Economic Surveys, 2019, 33 (1): 195 - 225.

⑤ Niimi Y, Horioka C Y. The wealth decumulation behavior of the retired elderly in Japan: The relative importance of precautionary saving and bequest motives [J]. Journal of the Japanese and International Economies, 2019, 51 (3): 52 - 63.

⑥ Bayraktar E, Promislow S D, Young V R. Purchasing life insurance to reach a bequest goal [J]. Insurance: Mathematics and Economics, 2014, 58 (9): 204 - 216.

⑦ Camacho C, Harmankaya F, Salam A. Social status pursuit, distribution of bequests and inequality [J]. Economic Modelling, 2020, 86: 183 - 191.

遗赠动机（策略性遗赠动机或交易性遗赠动机）、利他遗赠动机、偶然性遗赠动机等，其中利己和利他遗赠动机是家庭财富配置决策的主要影响因素。具体来说，利己遗赠动机理论认为：父母将遗产继承权赋予子女或者后辈，主要是基于个人效用最大化原则，换取未来赡养和照顾的战略性选择。而利他遗赠动机理论认为：父母的遗赠行为更多体现的是利他心理特征；父母将子女的幸福放在首位，是在不考虑子女回报情况下实现家庭财富代际传承。那么，遗赠动机是否是中国老年人参与住房反向抵押贷款的主要约束因素？如果是的话，主要是受利己遗赠动机的约束影响？还是受利他遗赠动机的约束影响？抑或是受"利己遗赠动机"和"利他遗赠动机"的双重约束影响？是否存在外部干预政策可以缓解遗赠动机对住房反向抵押贷款需求意愿的约束影响？目前对此研究问题，国内外相关研究仍然缺少系统的理论论证和实证检验。

本书基于行为经济学研究理论，从利己和利他心理引致的遗赠动机约束机制进行理论分析，采用我国住房反向抵押贷款试点城市的调研数据，实证检验利己和利他遗赠动机对我国住房反向抵押贷款有效需求的约束影响，同时也考察了房产税改革和社区养老服务完善对遗赠动机约束机制的缓解效应，有利于住房反向抵押贷款的政策制定者和金融机构供给者充分理解老年人需求意愿的关键影响因素，进一步优化和完善住房反向抵押贷款的实施政策。

第二节　遗赠动机约束机制研究假设

遗赠动机新假说挑战了传统生命周期消费平滑理论，引起了学者们对家庭资产配置行为决策的关注。① 家庭财富代际转移下的遗赠动机主要表现为：利己遗赠动机、利他遗赠动机及偶然性遗赠动机，其中，利己和利他遗赠动机是家庭财富配置决策的主要影响因素。

一方面，最初有关遗赠动机影响机制探讨，主要是从利己遗赠动机（策略性遗赠动机）角度研究家庭财富配置行为决策。理论研究认为：利己遗赠

① Costa - Font J, Elvira D, Mascarilla - Miro O. 'Ageing in Place'? Exploring Elderly People's Housing Preferences in Spain [J]. Urban Studies, 2009, 46 (1): 295 - 316.

动机是一种战略性选择或交换性动机，父母将遗产继承权赋予子女或者后辈，其目的是以此来影响子女未来的赡养和照顾行为；因此，父辈的终身福利效用水平依赖于自身的消费和子女的回报。[①②] 相关经验研究也证实了利己遗赠动机可以看作个人效用最大化的利益交换，父母的遗赠行为是期望换取子女或后辈的照顾、赡养和尊重。[③] 例如，Hamaaki 等（2019）[④] 实证研究发现：父母的遗赠额度和子女访问次数显著正相关，代际之间的财富转移以子女的表现为条件，父母通过遗赠行为影响子女的赡养和照顾行为，这可以被解释为利己遗赠动机的证据。Camacho 等（2020）[⑤] 实证研究得出父母的遗赠额度与子女经济状况是正向关系的结论，其研究认为：父母更倾向于把财富赠与经济状态较为优越的子女，从而换取更好的赡养需求，也证实利己遗赠动机是家庭资产配置决策的主要影响因素。

另一方面，相关学者也从利他遗赠动机角度探讨了家庭财富配置行为决策。此方面的理论研究认为：父辈的终身福利效用水平由自身消费效用和子女消费效用共同决定。[⑥] Laitner 和 Ohlsson（2001）[⑦] 提出利他遗赠动机观点：基于生命周期理论模型，父母除了关注个人消费效用的增加外，也会对子女消费效用进行财富积累或人力资本投资。Bellettini 等（2013）[⑧] 实证研究了利他遗赠动机对家庭财富配置的影响：父母财富赠予额度与子女收入水平呈显著负相

① Jaime A, Jordi C, Xavier R. Aspirations, Habit Formation, and Bequest Motive [J]. The Economic Journal, 2007, 117: 813 - 836.

② Mulder C H, Smits A. Inter - generational ties, financial transfers and home - ownership support [J]. Journal of Housing and the Built Environment, 2013, 28 (1): 95 - 112.

③ Yang X, Gan L. Bequest motive, household portfolio choice, and wealth inequality in urban China [J]. China Economic Review, 2020, 60 (4): 101399.

④ Hamaaki J, Hori M, Murata K. The intra - family division of bequests and bequest motives: empirical evidence from a survey on Japanese households [J]. Journal of Population Economics, 2019, 32 (1): 309 - 346.

⑤ Camacho C, Harmankaya F, Salam A. Social status pursuit, distribution of bequests and inequality [J]. Economic Modelling, 2020, 86: 183 - 191.

⑥ 高凤勤，徐震寰. 购房款代际赠与动机与子女购房行为——基于初次就业人群的微观调查 [J]. 公共财政研究，2019 (03): 4 - 16.

⑦ Laitner J, Ohlsson H. Bequest motives: a comparison of Sweden and the United States [J]. Journal of Public Economics, 2001, 79 (1): 205 - 236.

⑧ Bellettini G, Taddei F, Zanella G. Bequest taxes, donations, and house prices [J]. B. e. journal of Macroeconomics, 2013, 13 (1): 355 - 379.

关，即当父母与子女的经济状况大体相当时，财富代际转移程度相对偏弱；而当子女收入水平偏低时，财富代际转移程度相对较强。而后 Bellettini 等(2017)[①] 又证实从家庭层面上，父母倾向为经济状态较差的子女提供购房款项，这可以归结为：父母是将子女的幸福放在首位，不考虑回报情况下把财富赠予子女，从而实现家族的财富代际传承。目前有更多研认为父母的遗赠动机，尤其是在东亚国家，更多体现利他动机特征。例如，Niimi 和 Horioka (2019)[②] 根据日本家庭和储蓄调查数据，实证研究认为老年人会倾向于减少自己的消费支出和财富积累，从而给与子女经济或者生活上的支持，这更多体现了利他遗赠动机特征。

相比较美国、韩国、日本等国家来说，中国目前还没有实施遗产税，住房资产的遗赠效用影响更大。中国具有根深蒂固的家庭资产遗赠文化，而随着住房预期财富效应逐渐增强，住房资产成为我国家庭财富积累和代际转移的重要纽带，加剧了住房遗赠动机对家庭资产配置效率的约束影响。目前，中国学者针对“住房资产的遗赠行为是符合利己动机还是利他动机”进行了初步探讨。例如，钟晓慧 (2015)[③]、田青和董晓宇 (2017)[④] 认为父母的住房资产代际转移主要出于换取未来子女赡养回报考虑，父母会根据子女的照顾满意度、访问次数和生活亲近度，作出住房遗赠行为决策，故而体现为利己遗赠动机倾向。然而，高凤勤和徐震寰 (2019)[⑤]、侯蕾等 (2021)[⑥]、张松波等 (2021)[⑦] 则通过中国大中城市居民调研数据，实证研究表明：父母的住房资产赠予行为

---

① Bellettini G, Taddei F, Zanella G. Intergenerational altruism and house prices: evidence from bequest tax reforms in Italy [J]. European Economic Review, 2017, 92 (2): 1-12.

② Niimi Y, Horioka C Y. The wealth decumulation behavior of the retired elderly in Japan: The relative importance of precautionary saving and bequest motives [J]. Journal of the Japanese and International Economies, 2019, 51 (3): 52-63.

③ 钟晓慧. “再家庭化”：中国城市家庭购房中的代际合作与冲突 [J]. 公共行政评论，2015，8 (1)：117-140，201.

④ 田青，董晓宇. 我国城镇家庭资产对其消费行为影响的经验研究 [J]. 财经问题研究，2017 (5)：115-122.

⑤ 高凤勤，徐震寰. 购房款代际赠与动机与子女购房行为——基于初次就业人群的微观调查 [J]. 公共财政研究，2019 (3)：4-16.

⑥ 侯蕾，杨欣桐，李奇. 中国城镇家庭的遗产动机：基于微观家庭金融数据的估计 [J]. 世界经济，2021，44 (5)：79-104.

⑦ 张松波，唐宇明，钱杨. 老年居民对其子女住房贷款的代际支持行为研究 [J]. 财经科学，2021 (5)：28-38.

与子女经济状况负相关，因此也证实了父母的住房遗赠动机具有明显的利他遗赠动机倾向。

参与住房反向抵押贷款属于家庭资产配置的重要决策，老年人参与住房反向抵押贷款的需求意愿，会受到遗赠动机约束影响。那么，老年人参与住房反向抵押贷款的遗赠动机约束影响是来源于利己遗赠动机？还是来源于利他遗赠动机？抑或是受“利己遗赠动机”和“利他遗赠动机”的双重约束影响？由此，本书提出如下研究假设。

研究假设 1：利己遗赠动机对住房反向抵押贷款的需求意愿具有负向影响。

研究假设 2：利他遗赠动机对住房反向抵押贷款的需求意愿具有负向影响。

第三节　研究设计

一、数据来源

本研究数据来源于教育部人文社科基金项目中有关住房反向抵押贷款需求意愿的实证调研数据。本研究选择了北京和上海的城市 50 岁以上老年人为实验对象，采取实验问卷方式进行。选择北京和上海作为研究区域的原因：(1) 北京和上海两个城市，于 2014 年 6 月开始实施老年人住房反向抵押贷款养老保险，都是中国住房反向抵押贷款模式的试点城市；(2) 北京和上海都属于中国的发达城市，两个城市在经济、科技、工业、金融、文化等方面具有一定相似特征，在进行实证研究的时候可以控制宏观环境因素影响；(3) 上海市于 2011 年开始试点房产税，对居民新购房且属于第二套及以上住房和非本市居民新购房，开征 0.6% 的房产税，上海市老年人的实验问卷可以作为“房产税改革的实验处理组”；而北京市尚未对居民住房征收房产税，可以作为“房产税改革的实验对照组”。

课题组于 2019 年 7 ~ 8 月，对北京和上海的城市 50 岁以上老年人进行了问卷实验。课题组采取了分层抽样的方法对调研区域进行选择，其中，北京主城区包括东城区、西城区、海淀区 、朝阳区、丰台区和石景山区，课题组随机选取4个城区作为调研区域，然后在调研区域中又随机选择5个养老社区工作站作为实验地点；上海主城区包括黄浦区、浦东新区、徐汇区、长宁区、静安区、普陀区、闸北区、虹口区和杨浦区。课题组同样地随机选取4个城区作为调研区域，然后在调研区域中又随机选择5个养老社区工作站作为实验地点。实验问卷首先采集了受访者的性别、年龄、收入水平、子女数量、房产数量、健康状况、学历水平等人口统计信息；其次，测度了受访者的利己和利他遗赠动机强度、养老服务需求状况以及社区养老认知程度；最后，调研人员从中性角度介绍了住房反向抵押贷款的基本特征、申请条件、年金方式等实施条款，使受访者处于住房反向抵押贷款申请环境中，从而有效测度受访者对住房反向抵押贷款模式的需求意愿和政策评价。此次调研项目共发放700份实验问卷，回收有效实验问卷590份（其中，北京市286份，上海市304份），实际有效率为84.29%。考虑到住房反向抵押贷款模式的潜在需求者，不仅包括当前已经退休的老年人，处于退休年龄前的中年人也需要规划未来的养老方式，因此实验数据中包括了60岁以上已退休的老年人（占总样本的82.37%）和50~59岁未退休的中年人（占总样本的17.63%），见表5-1。

表5-1　本研究的调研样本与老年人口和老龄事业监测统计信息数据的比较

人口特征		北京市				上海市			
		本研究的调研样本		北京市老年人口和老龄事业监测统计信息（2019）①		本研究的调研样本		上海市老年人口和老龄事业监测统计信息（2019）②	
老年人口的结构特征（%）	年龄段	人口比例	性别比例（男性）	人口比例	性别比例（男性）	人口比例	性别比例（男性）	人口比例	性别比例（男性）
	60岁以上	100	46.47	100	47.50	100	48.28	100	48
	70岁以上	44.09	45.53	42.67	45.96	43.53	46.53	42.60	46
	80岁以上	16.93	44.19	17.16	45.17	15.95	43.24	15.82	40.4

① 数据来源：http：//wjw.beijing.gov.cn/zwgk_20040/tzgg/202010/t20201023_2119958.html.

② 数据来源：http：//wsjkw.sh.gov.cn/tjsj2/20200527/06873e6ec8f54a158c25475dbbb574a6.html.

续表

人口特征	北京市		上海市	
	本研究的调研样本	北京市老年人口和老龄事业监测统计信息（2019）	本研究的调研样本	上海市老年人口和老龄事业监测统计信息（2019）
月度退休金平均收入（元）	4331	4157	4656	4521
老年抚养比（%）	42.55	44.30	51.33	65.20
住房拥有率（%）	95.67	96.00	94.83	96.00
样本数量	254	全部60岁以上城市居民	232	全部60岁以上城市居民

注释：北京市老年人口和老龄事业监测统计信息（2019）来源于北京市卫生健康委员会联合北京市老龄工作委员会等部门进行的老年人追踪调查报告。上海市老年人口和老龄事业监测统计信息（2019）来源于上海市卫生健康委员会联合上海市老龄工作委员会等部门进行的老年人追踪调查报告。

本书总样本中大部分是60岁以上已退休的老年人样本（占总样本的82.37%），另外考虑到北京市和上海市官方公布了2019年《老年人口和老龄事业监测统计信息（60岁以上）》，为了验证样本代表性，本书将总样本中的60岁以上已退休的老年人样本与2019年北京市、上海市《老年人口和老龄事业监测统计信息》的样本特征进行比较，《老年人口和老龄事业监测统计信息》是每年由中国北京市和上海市卫生健康委员会（*Municipal Health Commission*）、老龄工作委员会（*Working Commission on Aging*）和统计局（*Municipal Bureau Statistics*）等部门联合公布的调查报告。

比较结果（如表5-1所示）可以看出：尽管本研究调研样本计算出的月度退休金收入略高于《老年人口和老龄事业监测统计信息》中获得的指标；老年抚养比和住房拥有率略低于《老年人口和老龄事业监测统计信息》中获得的指标。但是，本研究调研样本计算出的老年人口结构特征、月度退休金收入、老年抚养比和住房拥有率与北京市和上海市的《老年人口和老龄事业监测统计信息》大致相当。因此，可以总体上判断本研究调研样本具有一定的代表性。

二、变量选取

（一）被解释变量

本章的被解释变量是住房反向抵押贷款需求意愿（*Willingness*）。在测度实验参与者的需求倾向时，本书借鉴行为意愿相关研究①，采用了五点李克特量表方法。具体而言，让参与实验的老年人在了解住房反向抵押贷款运行流程后，分别回答“是否愿意参与住房反向抵押贷款?”，实验问卷要求实验参与者在“完全没兴趣”“不太感兴趣”“不确定”“比较感兴趣”和“非常感兴趣”五个选项之间进行选择，并且将其分别赋值为1、2、3、4和5五个分值。

（二）解释变量

本章重点考察了老年人的利己和利他遗赠动机，对住房反向抵押贷款需求意愿的约束影响，因此分别选择利己遗赠动机和利他遗赠动机作为核心解释变量。

1. 利己遗赠动机（*Egoism*）：目前许多研究认为父母的住房遗赠行为主要是利己动机考虑的战略性选择，父母更倾向于把住房遗产赠给“与自己关系更为亲近”的子女，从而换取子女的照顾、赡养和尊重。因此，如果父母对“生活照顾、访问次数和生活亲近度”要求越高，那么父母表现的利己遗赠动机就越强。因此，本研究借鉴 Mulder 和 Smits（2013）②、Yang 和 Gan（2020）③ 有关利己遗赠动机的测量方法，让参与实验的老年人回答“您是否需要子女对您的生活进行照顾、访问和赡养?”，实验问卷要求实验参与者在“完全不需要”“不太需要”“不确定”“较为需要”和“非常需要”五个选项

---

① 陈力朋，郑玉洁，徐建斌. 消费税凸显性对居民消费行为的影响——基于情景模拟的一项实证研究［J］. 财贸经济，2016（7）：34－49.

② Mulder C H，Smits A. Inter－generational ties，financial transfers and home－ownership support［J］. Journal of Housing and the Built Environment，2013，28（1）：95－112.

③ Yang X，Gan L. Bequest motive，household portfolio choice，and wealth inequality in urban China［J］. China Economic Review，2020，60（4）：101399.

之间进行选择，分别代表实验参与者的利己遗赠动机强度逐渐增强。为了更好测度不同强度利己遗赠动机对住房反向抵押贷款需求意愿的影响，本研究分别设置了四个二元虚拟变量：D1(*Egoism*)、D2(*Egoism*)、D3(*Egoism*) 和 D4(*Egoism*)，即以“无利己遗赠动机”特征为基准，当四个二元虚拟变量依次取值为 1 时，其分别表示实验者具有“弱利己遗赠动机”“中性利己遗赠动机”“较强利己遗赠动机”和“强利己遗赠动机”。

2. 利他遗赠动机（*Altruism*）：目前有部分研究认为父母的遗赠行为，尤其是亚洲国家更多体现为利他遗赠动机特征：父母把子女幸福放在首位，不考虑回报下把财富遗赠给子女，从而实现家族财富代际传承；具体表现为：父母倾向于减少自己的消费支出和财富积累，从而给予子女经济或者生活方面的支持。Bellettini 等（2017）①、Niimi 和 Horioka（2019）② 则分别通过实验问卷有效测度了美国、日本老年人的利他遗赠动机，研究了不同类型遗赠动机对家庭财富积累的影响。因此本研究在他们研究方法基础上，设计了我国老年人遗赠动机实验问卷，有效测度了利他遗赠动机强度。具体而言，嵌入情景环境下让受访人回答以下问题：假设您现在已经 80 岁，拥有 100 万元的财富，而且已经住在专业养老服务机构。您愿意消费多少财富住在养老院的私人空间里（假设剩下的财富将作为遗产留给您的子女或后代）？实验问卷要求实验参与者在以下五个选项做出选择：①我愿意消费全部 100 万元的财富，不会给子女或后代留下任何遗产；②我愿意消费大约 75 万元的财富，会把剩余 25 万元的财富作为遗产留给子女或后代；③我愿意消费大约 50 万元的财富，会把剩余 50 万元的财富作为遗产留给子女或后代；④我愿意消费大约 25 万元的财富，会把剩余 75 万元的财富作为遗产留给子女或后代；⑤我不愿意消费任何财富，会把全部 100 万元的财富作为遗产留给子女或后代。根据受访人对 5 个问题的选择，分别代表利他遗赠动机强度逐渐增强。为了更好测度不同强度利他遗赠动机对住房反向抵押贷款需求意愿的影响，本研究分别同样地设置了四个二元

① Bellettini G, Taddei F, Zanella G. Intergenerational altruism and house prices: evidence from bequest tax reforms in Italy [J]. European Economic Review, 2017, 92 (2): 1-12.

② Niimi Y, Horioka C Y. The wealth decumulation behavior of the retired elderly in Japan: The relative importance of precautionary saving and bequest motives [J]. Journal of the Japanese and International Economies, 2019, 51 (3): 52-63.

虚拟变量：D1(*Altruism*)、D2(*Altruism*)、D3(*Altruism*) 和 D4(*Altruism*)。即以“无利他遗赠动机”特征为基准，当四个二元虚拟变量依次取值为 1 时，其分别表示实验者具有“弱利他遗赠动机”“中性利他遗赠动机”“较强利他遗赠动机”和“强利他遗赠动机”。

（三）调节变量

1. 社区养老满意度（*Community*）：社区居家养老模式对传统家庭养老模式具有较强的替代功能，如果社区养老服务体系较健全、养老资源较丰富，就会弱化传统家庭养老和子女赡养的选择行为。我国社区居家养老服务体系是“政府扶持、社会参与、市场运作”运作模式，其运行成本是由政府和市场共同分担（政府负责基础建设、机构负责市场化运营）；随着老年人对“多层次、多元化”社区养老服务资源的期望需求提高，其未来养老金支出预期将不断增加，而住房反向抵押贷款作为养老金融资模式，则是一种增加未来养老资金流动性的补充方式。因此，如果老年人对社区居家养老服务满意程度较高，一定程度上可以减弱遗赠动机倾向。本实验采用了五点李克特量表法来测量“社区养老服务满意度”。具体而言，让参与实验的老年人回答“您是否满意所在社区的生活照料、医疗保健、精神慰藉、文化娱乐等主要服务”，实验问卷要求实验参与者在“非常不满意”“有点不满意”“不确定”“较为满意”和“非常满意”五个选项之间进行选择，并且将其分别赋值为 1、2、3、4 和 5 五个分值。

2. 房产税改革（*Tax*）：实施遗产税或房产税可以增加住房资产的遗赠成本或持有成本，如果从家庭财富代际转移角度看，父母就会在“遗赠房产”和“转换现金流”之间进行权衡，因此，实施遗产税或房产税一定程度上可以减弱遗赠动机倾向。随着中国税收改革的深入推进，遗产税和房产税正在讨论和研究中，鉴于中国国情，遗产税的实施阻力较大；但是，房产税已经于 2011 年，在中国的重庆、上海等城市开始试点推广，我国房产税改革的稳步推进，在住房资源优化配置上具有一定的替代功能。因此，本书选择房产税试点城市（上海市）的实验对象作为处理组；以非房产税试点城市（北京市）的实验对象作为对照组，分组虚拟变量 *Tax* 在处理组的赋值为 1，在对照组的赋值为 0。

（四）控制变量

为了控制实验参与者的其他人口和家庭环境特征，本研究借鉴国内外住房反向抵押贷款的相关研究①②③，选择了性别、年龄、收入水平、子女数量、房产数量、健康状况、学历水平等人口统计信息作为控制变量，主要控制变量的定义和说明具体见表5－2：

表5－2　　控制变量定义和说明

变量名称	变量符号	变量说明	赋值
性别	*Sex*	您的性别？	女＝0；男＝1
年龄	*Age*	您的年龄	实际年龄
收入水平	*Income*	您平均每月的收入情况？	当前月度收入的自然对数
子女数量	*Childnum*	您的子女数量状况？	家庭具有子女的实际个数
房产数量	*Housenum*	您的房产数量状况？	家庭具有的住房实际户数
职业类型	*Occupation*	您的职业类型是什么？	保障型职业（机关事业单位、国企职工）＝1；非保障型职业（私企员工、个体自雇或其他）＝0
健康状况	*Healthy*	您的健康状况？	设置了4个二分虚拟变量，以“很不好”为基准，当四个二元虚拟变量依次取值为1时，分别表示健康状况为：“不太好”“一般”“比较好”和“非常好”
文化程度	*Education*	您的最高学历状况？	设置了4个二分虚拟变量，以“小学及以下”为基准，当四个二元虚拟变量依次取值为1时，分别表示教育程度为：“初中”“高中”“大学”和“研究生”

① Swarn C. Reverse Mortgage Participation in the United States: Evidence from a National Study [J]. International Journal of Financial Studies, 2016, 4 (1): 1－10.

② Dillingh R, Prast H, Rossi M, et al. Who wants to have their home and eat it too? Interest in reverse mortgages in the Netherlands [J]. Journal of Housing Economics, 2017, 38 (1): 25－37.

③ 熊景维，钟涨宝，李奥奇．保障替代、代际契约与信息引致：“以房养老”参与意愿的影响因素——基于武汉市老年人调查数据的实证分析［J］．人口研究，2017（1）：48－60.

三、变量描述性统计

表5-3报告了本研究的被解释变量、解释变量及控制变量的描述性统计，问卷调研数据具有以下基本特征：

（1）受访者对住房反向抵押贷款需求意愿总体上不高。从统计结果可以看出，对住房反向抵押贷款具有“非常感兴趣”态度的老年人只有51人，占样本总量的9%；对住房反向抵押贷款具有“比较感兴趣”的老年人也只有70人，占样本总量的12%。多数老年人对住房反向抵押贷款态度是“不确定”（196人，占33%）和“不太感兴趣”（167人，占28%），还有196人对住房反向抵押贷款持有“完全没兴趣”态度，达到了样本总量的18%。总体上说明：绝大部分调研的老年居民对住房反向抵押贷款的需求意愿较低，与目前大部分有关住房反向抵押贷款需求意愿的调研结论是一致的。

表5-3　　变量的描述性统计结果

变量	类型	N(%)	均值	标准差	最小值	最大值
需求意愿（*Willingness*）	Numerical	590	2.649	1.160	1	5
（*Willingness* = 1）完全没兴趣	—	106(18%)	—	—	—	—
（*Willingness* = 2）不太感兴趣	—	167(28%)	—	—	—	—
（*Willingness* = 3）不确定	—	196(33%)	—	—	—	—
（*Willingness* = 4）比较感兴趣	—	70(12%)	—	—	—	—
（*Willingness* = 5）非常感兴趣	—	51(9%)	—	—	—	—
利己遗赠动机（*Egoism*）	Numerical	590	3.242	1.183	1	5
（无利己遗赠动机）	(Omitted)	58(10%)	—	—	—	—
利己遗赠动机较弱	Dummy	90(15%)	—	—	—	—
利己遗赠动机中性	Dummy	187(32%)	—	—	—	—
利己遗赠动机较强	Dummy	161(27 %)	—	—	—	—
利己遗赠动机很强	Dummy	94(16%)	—	—	—	—
利他遗赠动机（*Altruism*）	Numerical	590	3.231	1.327	1	5
（无利他遗赠动机）	(Omitted)	65(11%)	—	—	—	—
利他遗赠动机较弱	Dummy	137(23%)	—	—	—	—
利他遗赠动机中性	Dummy	119(20%)	—	—	—	—

续表

变量	类型	N(%)	均值	标准差	最小值	最大值
利他遗赠动机较强	Dummy	135(23%)	—	—	—	—
利他遗赠动机很强	Dummy	134(23%)	—	—	—	—
社区养老服务满意度（*Community*）	Numerical	590	2.734	1.082	1	5
（*Community* =1）很不满意	—	97(16%)	—	—	—	—
（*Community* =2）不太满意	—	194(33%)	—	—	—	—
（*Community* =3）不确定	—	181(31%)	—	—	—	—
（*Community* =4）较为满意	—	91(15%)	—	—	—	—
（*Community* =5）非常满意	—	27(5%)	—	—	—	—
房产税实施（*Tax*）	Binary	590	0.515	0.500	0	1
性别（*Sex*）	Binary	590	0.496	0.500	0	1
年龄（*Age*）	Numerical	590	67.976	8.998	50	88
收入水平（*Income*）	Numerical	590	8.373	0.434	7.215	9.210
子女数量（*Childnum*）	Numerical	590	2.017	0.973	0	5
房产数量（*Housenum*）	Numerical	590	1.780	0.924	0	6
健康状况（*Healthy*）	Numerical	590	2.876	1.014	1	5
（很差）	(Omitted)	44(7%)	—	—	—	—
不太好	Dummy	172(29%)	—	—	—	—
一般	Dummy	227(38%)	—	—	—	—
比较好	Dummy	107(18%)	—	—	—	—
非常好	Dummy	40(7%)	—	—	—	—
教育程度（*Education*）	Numerical	590	2.492	1.021	1	5
（小学及以下）	(Omitted)	108(18%)	—	—	—	—
初中	Dummy	197(33%)	—	—	—	—
高中	Dummy	184(31%)	—	—	—	—
大学	Dummy	89(15%)	—	—	—	—
研究生	Dummy	12(2%)	—	—	—	—

（2）受访者总体上具有较强的利己遗赠动机和利他遗赠动机。从统计结果可以看出，对于利己遗赠动机来说，多数受访老年人具有“强利己遗赠动机”（占样本总量的16%），“较强利己遗赠动机”（占样本总量的27%）和

"中性利己遗赠动机"（占样本总量的32%），而具有"弱利己遗赠动机"只占样本总量的15%，"无利己遗赠动机"的受访者仅仅只占样本总量的10%。对于利他遗赠动机来说，多数受访老年人具有"强利他遗赠动机"（占样本总量的23%），"较强利他遗赠动机"（占样本总量的23%）和"中性利他遗赠动机"（占样本总量的20%），而具有"弱利他遗赠动机"占样本总量的23%，"无利他遗赠动机"的受访者只占样本总量的11%。因此，可以初步判断利己遗赠动机和利他遗赠动机是住房反向抵押贷款有效需求的主要约束因素。

（3）受访者对社区养老服务的总体满意度较低。从统计结果可以看出，受访的老年人对其所在社区的生活照料、医疗保健、精神慰藉、文化娱乐等主要服务的感知，多数具有"不太满意"（占样本总量的33%），"不确定"（占样本总量的31%）和"很不满意"（占样本总量的16%），而具有"比较满意"只占样本总量的15%，另外，具有"非常满意"的受访者仅仅只占样本总量的5%。因此，可以初步判断受访者对社区服务的总体满意度较低，社区养老服务功能需进一步加强。

（4）从主要人口控制变量的统计结果来看：受访老年人的男性比重为49.6%，平均年龄约为68岁，平均月收入为4691元人民币（统计表中是收入的自然对数）；受访老年人的家庭子女数量平均2名，拥有住房的数量平均为1.78套；受访老年人的健康状况总体良好，其中健康状况"比较好"和"非常好"的占总体样本的25%，健康状况一般的占总体样本的38%；受访的老年人教育程度总体不高，多数受访者的学历水平为"初中"（占样本总量的33%），"高中"（占样本总量的31%）和"小学及以下"（占样本总量的18%）。

四、计量模型

本书的被解释变量是住房反向抵押贷款的需求意愿（$Willingness_i$），是取值范围为1～5的有序离散变量。为实证检验利己和利他遗赠动机对住房反向抵押贷款需求意愿的影响，本书参考相关研究的基础上，构建如下Ordered-Probit计量模型，具体实证模型如下：

$$Willingness_i^* = \alpha_0 + \sum_{j=1}^{4} \beta_j D_j(Egoism_i) + \sum_{j=1}^{4} \gamma_j D_j(Altruistic_i) + \varphi_1 Community_i + \varphi_2 Tax_i + \sum_{j=1}^{13} \theta_j X_{ij} + \mu_i \quad (5-1)$$

其中，$Willingness_i^*$ 为住房反向抵押贷款需求意愿（$Willingness_i$）的潜变量，当 $Willingness_i^* \leqslant \gamma_1$ 时，$Willingness_i = 1$；当 $\gamma_1 < Willingness_i^* \leqslant \gamma_2$ 时，$Willingness_i = 2$；当 $\gamma_2 < Willingness_i^* \leqslant \gamma_3$ 时，$Willingness_i = 3$；当 $\gamma_3 < Willingness_i^* \leqslant \gamma_4$ 时，$Willingness_i = 4$；当 $\gamma_4 < Willingness_i^*$ 时，$Willingness_i = 5$。$\gamma_i(i = 1,2,3,4)$ 是待估计的截断点（Cut Point）。

在上述模型中：为了更好考察不同强度的利己遗赠动机和利他遗赠动机对住房反向抵押贷款需求意愿（$Willingness_i$）的影响，针对利己遗赠动机分别设置了四个二元虚拟变量：$D1(Egoism_i)$、$D2(Egoism_i)$、$D3(Egoism_i)$ 和 $D4(Egoism_i)$；同样地针对利他遗赠动机分别设置了四个二元虚拟变量：$D1(Altruistic_i)$、$D2(Altruistic_i)$、$D3(Altruistic_i)$ 和 $D4(Altruistic_i)$。X_{ij} 为其他控制变量；μ_i 表示与解释变量无关的随机扰动项。对于 Ordered - Probit 模型而言，只要随机干扰项与解释变量不相关，那么采取极大似然估计的参数就是一致估计量。

第四节　实证结果与分析

表 5 - 4 报告了住房反向抵押贷款需求意愿影响因素的基准回归结果，模型的整体拟合度（Pseudo $R^2 = 0.8297$）和显著性水平（Prob $> \chi^2 = 0.000$）都较好。回归结果显示：

第一，反映不同强度利己遗赠动机的类型变量 $D1(Egoism)$、$D2(Egoism)$、$D3(Egoism)$ 和 $D4(Egoism)$ 的估计系数全部都在 1% 显著性水平上为负，说明不同强度利己遗赠动机都对住房反向抵押贷款需求意愿具有显著地约束作用。另外，$D1(Egoism)$、$D2(Egoism)$、$D3(Egoism)$ 和 $D4(Egoism)$ 边际系数的绝对值，总体表现为逐渐增大趋势，这说明在控制人口特征因素的情况下，老年人对子女的“生活照顾、访问次数和生活亲近行为”需求强度越高，其基于利己心理的遗赠动机越强，那么利己遗赠动机对参与住房反向抵押贷款需求意愿的约束影响作用也越大。因此，中国老年人的利己遗赠动机是其参与住房反向抵押需求决策的主要心理约束因素，研究假设5-1得到验证。

对于不同强度利他遗赠动机类型变量，尽管 *D*2(*Altruism*) 没有通过显著性检验，但是 *D*1(*Altruism*)、*D*3(*Altruism*) 和 *D*4(*Altruism*) 的估计系数都在1%显著性水平上为负，说明利他遗赠动机对住房反向抵押贷款需求意愿具有显著地约束影响作用。另外，*D*1(*Altruism*)、*D*3(*Altruism*) 和 *D*4(*Altruism*) 边际系数绝对值，总体表现为逐渐增大趋势，这也说明：在控制人口特征因素情况下，老年人利他遗赠动机越强，利他遗赠动机对住房反向抵押贷款需求意愿的约束作用也越大。因此，研究假设5-2得到验证。

综合以上两种检验结果，说明中国老年人参与住房反向抵押贷款模式会受到利己遗赠动机和利他遗赠动机的双重约束影响。另外，通过比较利己遗赠动机和利他遗赠动机的边际系数也可以发现：*D*1(*Egoism*)、*D*3(*Egoism*) 和 *D*4(*Egoism*) 边际系数的绝对值均依次小于 *D*1(*Altruism*)、*D*3(*Altruism*) 和 *D*4(*Altruism*)，一定程度上说明利他遗赠动机对住房反向抵押贷款需求意愿的约束影响作用要强于利己遗赠动机，这种现象比较符合受家庭传承文化深刻影响的居民遗赠行为特征。

表5-4　　　　基准回归结果（Ordered-Probit）

被解释变量：需求意愿（Willingness）							
类型	变量	Coef.	Std. Err.	z	P>|z|	[95% Conf. Interval]	
解释变量	*D*1(*Egoism*)	-1.750	0.401	-4.370	0.000	-2.535	-0.965
	*D*2(*Egoism*)	-1.451	0.460	-3.150	0.002	-2.354	-0.549
	*D*3(*Egoism*)	-2.216	0.485	-4.570	0.000	-3.167	-1.266
	*D*4(*Egoism*)	-2.799	0.688	-4.070	0.000	-4.147	-1.451
	*D*1(*Altruism*)	-1.917	0.405	-4.730	0.000	-2.711	-1.123
	*D*2(*Altruism*)	-0.331	0.395	-0.840	0.402	-1.106	0.443
	*D*3(*Altruism*)	-3.151	0.466	-6.760	0.000	-4.065	-2.237
	*D*4(*Altruism*)	-4.270	0.767	-5.570	0.000	-5.772	-2.767
调节变量	*Community*	0.981	0.155	6.330	0.000	0.677	1.284
	Tax	1.556	0.245	6.340	0.000	1.075	2.037

续表

被解释变量：需求意愿（Willingness）							
类型	变量	Coef.	Std. Err.	z	P > |z|	[95% Conf. Interval]	
控制变量	*Sex*	0.081	0.198	0.410	0.680	-0.306	0.469
	Age	-0.077	0.018	-4.250	0.000	-0.112	-0.041
	Income	-1.091	0.238	-4.590	0.000	-1.557	-0.625
	Childnum	-0.926	0.159	-5.810	0.000	-1.238	-0.613
	Housenum	1.173	0.170	6.900	0.000	0.840	1.506
	D1(Healthy)	-1.135	0.364	-3.110	0.002	-1.849	-0.421
	D2(Healthy)	0.689	0.224	3.070	0.002	0.249	1.129
	D3(Healthy)	-0.714	0.269	-2.660	0.008	-1.241	-0.187
	D4(Healthy)	-1.096	0.485	-2.260	0.024	-2.046	-0.145
	D1(Education)	-0.304	0.275	-1.100	0.269	-0.844	0.236
	D2(Education)	0.117	0.221	0.530	0.597	-0.317	0.551
	D3(Education)	0.565	0.279	2.020	0.043	0.017	1.112
	D4(Education)	-1.380	0.621	-2.220	0.026	-2.596	-0.164
/cut1		-29.154	3.204			-35.434	-22.874
/cut2		-20.102	2.640			-25.277	-14.927
/cut3		-12.369	2.370			-17.014	-7.724
/cut4		-8.135	2.209			-12.464	-3.805
Number of observations		590					
LR χ^2		1464.94					
Prob > χ^2		0.0000					
PseudoR^2		0.8297					
Log likelihood		-150.3457					

第二，从调节变量来看：社区养老服务满意度（*Community*）的估计系数在1%的显著性水平上为正，表明老年人对其所在社区的生活照料、医疗保健、精神慰藉、文化娱乐等养老服务的感知满意度越高（期望享受多层次、多元化的社区养老服务资源），其养老资金支出预期就会较强，那么，老年人

参与住房反向抵押贷款的需求意愿也会增强；房产税实施（*Tax*）估计系数也在 1% 的显著性水平上为正，说明房产税的实施可以显著增强老年人参与住房反向抵押贷款的需求意愿。

第三，从控制变量来看，除了性别（*Sex*）因素没有通过显著性检验，其他人口特征变量的都通过了显著性检验，而且与大部分有关住房反向抵押贷款需求意愿的研究结论基本一致。其中，年龄（*Age*）的估计系数在 1% 的显著性水平上为负，表明老年人的年龄越大，其对住房反向抵押贷款的认知能力越弱，限制了其参与住房反向抵押贷款的需求意愿；收入水平（*Income*）估计系数也在 1% 的显著性水平上为负，说明老年人的日常收入越高，养老资金就会越充足，其参与住房反向抵押贷款的需求意愿就越低。家庭子女数量（*Childnum*）的估计系数也在 1% 的显著性水平上为负，表明老年人的子女数量越多，对传统儿女养老的依赖性就越高，限制了其参与住房反向抵押贷款的需求意愿；家庭住房数量（*Housenum*）估计系数在 1% 的显著性水平上为正，说明老年人的住房数量较多的情况下，其参与以房养老的风险感知就越低，其就愿意尝试参与住房反向抵押贷款模式。对于健康状况（*Healthy*）来说，D2(*Healthy*)的估计系数在 1% 的显著性水平上为正，而 D1(*Healthy*)、D3(*Healthy*) 和 D4(*Healthy*) 的估计系数分别在 1% 和 5% 的显著性水平上为负，说明老年人的健康状况是“一般”情况下，其参与住房反向抵押贷款的需求意愿较强；而健康状况是“非常好”“比较好”或者“非常差”的情况下，其参与住房反向抵押贷款的需求意愿都很低。对于教育程度（*Education*）来说，D1(*Education*) 和 D2(*Education*) 没有通过显著性检验，而 D3(*Education*) 的估计系数在 5% 显著性水平上为正，说明具有“大学”文化程度的老年人对金融产品认知程度较高，其参与住房反向抵押贷款的需求意愿也较强；而 D4(*Education*) 的估计系数在 5% 的显著性水平上为负，说明具有“研究生”文化程度的老年人参与住房反向抵押贷款的意愿较低；可能的原因：具有研究生学历的老年人，一般处于较高收入层级，其收入水平、养老储备和社会保险较为充足，其参与住房反向抵押贷款的意愿也相对较弱。

综合以上的检验结果，我们可以推断：老年人参与住房反向抵押贷款的需求意愿会受到利己遗赠动机和利他遗赠动机的双重约束影响；但是比较而言，利他遗赠动机（不考虑回报情况下实现家族的财富代际传承）对住房反向抵押贷款需求意愿的边际约束影响作用，要强于利己遗赠动机（交换遗赠动机或战略遗赠动机），这种现象比较符合受家族传承文化深刻影响的居民遗赠行为特征。

第五节　遗漏变量的稳健性检验

由遗漏变量导致的估计偏误是考察因果效应的重要阻碍，社会科学领域的研究很难穷尽所有影响因素，遗漏变量似乎难以避免。虽然本书在基准回归分析中尽可能地控制了有关变量，但仍然无法确保模型中不存在某些不可观测的因素。本书尝试从另外一个思路审视遗漏变量问题：假如存在遗漏变量，它会对检验过程产生何种影响？估计结果还满足一致性吗？为此，本书使用 Oster (2019)① 的方法进行遗漏变量稳健性检验。

Oster（2019）证明，当回归模型存在不可观测的遗漏变量时，可采用估计量 $\beta^* = \beta^*(R_{max}, \delta)$ 获得核心解释变量对被解释变量的一致估计。该估计量需要设定两个参数：δ 和 R_{max}。其中，δ 为选择比例（Selection Proportionality），它衡量可观测变量与被解释变量的相关关系相较于不可观测遗漏变量与被解释变量的相关关系的强弱（该参数为 1 时，表明不可观测变量与可观测变量同等重要）；R_{max} 的含义是：若不可观测的遗漏变量能够被观测到，回归方程的最大拟合优度。②③④

根据 Oster（2019）遗漏变量检验原理，本部分采用两种方法检验遗赠动机对住房反向抵押贷款需求意愿的影响是否因遗漏变量而发生显著变化。(1) 方法一：δ 取值为 1，而 R_{max} 取值为 $\min\{1.3R^2, 1\}$，进而估计出修正后的

① Oster, E. Unobservable Selection and Coefficient Stability: Theory and Evidence [J]. Journal of Business & Economic Statistics, 2019, 37 (2): 187 - 204.

② 马双，赵文博．方言多样性与流动人口收入——基于 CHFS 的实证研究 [J]．经济学（季刊），2019，18（1）：393 - 414.

③ 汪险生，李宁．村庄民主与产权安全：来自农地确权的证据 [J]．农业经济问题，2019 (12)：60 - 76.

④ 祝仲坤．过度劳动对农民工社会参与的“挤出效应”研究——来自中国流动人口动态监测调查的经验证据 [J]．中国农村观察，2020（5）：108 - 130.

估计系数 $\beta^* = \beta^*(R_{max}, \delta)$，其中 R^2 为控制可观察变量时的拟合优度；$\tilde{\beta}$ 为控制可观察变量时的估计系数。如果 $[\tilde{\beta}, \beta^*]$ 区间不包含 0，则意味着遗漏变量不会改变遗赠动机对住房反向抵押贷款需求意愿的影响，估计结果是稳健的。（2）方法二：R_{max} 取值方法与第一种方法相同，计算使待估计参数 $\beta = 0$ 的 δ 取值，若 $\delta > 1$，也就意味着遗赠动机对住房反向抵押贷款需求意愿的影响的不会因遗漏变量而发生显著变化，估计结果是稳健的，见表 5－5 和表 5－6。

表 5－5　　基准回归结果（OLS）

被解释变量：*Willingness*							
Type	Variables	Coef.	Std. Err.	t	$P > \lvert t \rvert$	[95% Conf. Interval]	
解释变量	*Egoism*	－0.326	0.021	－15.610	0.000	－0.367	－0.285
	Altruistic	－0.361	0.020	－18.230	0.000	－0.399	－0.322
控制变量	*Sex*	－0.012	0.034	－0.340	0.734	－0.079	0.056
	Age	－0.005	0.002	－2.050	0.040	－0.010	0.000
	Income	－0.035	0.039	－0.880	0.380	－0.112	0.043
	Childnum	－0.193	0.026	－7.390	0.000	－0.244	－0.141
	Housenum	0.150	0.023	6.430	0.000	0.104	0.196
	Healthy	－0.058	0.017	－3.450	0.001	－0.092	－0.025
	Education	0.021	0.017	1.200	0.230	－0.013	0.054
	_cons	5.737	0.356	16.140	0.000	5.038	6.435
Number of observations		590					
F		537.75					
Prob > *F*		0.000					
R^2		0.893					

表 5－6　　遗漏变量检验结果

核心解释变量	检验方法	判断标准	实际计算结果	是否通过检验
利己遗赠动机（*Egoism*）	方法一	$[\tilde{\beta}, \beta^*]$ 区间不包含 0	[－0.326，－0.036]	是
	方法二	$\delta > 1$	1.09	是

续表

核心解释变量	检验方法	判断标准	实际计算结果	是否通过检验
利他遗赠动机（*Altruistic*）	方法一	$[\tilde{\beta},\beta^*]$ 区间不包含 0	[-0.361, -0.011]	是
	方法二	$\delta > 1$	1.02	是

注：遗漏变量检验借鉴 Oster（2019）提出的方法。

由于 Oster（2019）的方法主要适用线性回归，因此本部分的分析过程采用 OLS 模型（回归结果如表 5－7）。由表 5－8 的遗漏变量检验结果可以看出：（1）利己遗赠动机（*Egoism*）对住房反向抵押贷款需求意愿影响的修正估计系数为 $\beta^*(R_{max},\delta) = -0.036$，区间 $[\tilde{\beta},\beta^*]$ 为 [-0.326, -0.036] 不包含 0；同时，根据第二种方法，使待估计参数 $\beta = 0$ 时，δ 取值大于 1（$\delta = 1.09$）。（2）利他遗赠动机（*Altruistic*）对住房反向抵押贷款需求意愿影响的修正估计系数为 $\beta^*(R_{max},\delta) = -0.011$，区间 $[\tilde{\beta},\beta^*]$ 为 [-0.361, -0.011] 不包含 0，同时，根据第二种方法，使待估计参数 $\beta = 0$ 时，δ 取值大于 1（$\delta = 1.02$）。

上述检验结果表明，即便在模型中存在遗漏变量，利己和利他遗赠动机对住房反向抵押贷款需求意愿的影响也不会因为遗漏变量的存在而发生显著变化，这进一步证实了利己和利他遗赠动机影响作用的初始检验结论是稳健的。

第六节　异质性分析

为了检验利己和利他遗赠动机对住房反向抵押贷款需求意愿的约束影响是否存在的异质性差别，本书根据年龄段、职业类别和性别等主要人口特征，进一步执行了分组检验（基于似无相关模型 SUR 的分组检验）。

一、年龄段的分组检验

为了检验不同强度的利己和利他遗赠动机对住房反向抵押贷款需求意愿的

影响是否存在年龄段的差异，本研究将样本划分为低龄老年样本（50～70 岁）和高龄老年样本（70 岁及以上），分别对两个子样本进行回归分析。由表 5－7 的年龄段分组检验结果可以看出：对于低龄老年样本来说，反映不同强度利己遗赠动机和利他遗赠动机类型变量的估计系数全部都在 1% 或 5% 显著性水平上为负。而对于高龄老年样本来说，除了 D2(*Egoism*) 外，反映不同强度利己遗赠动机的类型变量估计系数全部都在 1% 显著性水平上为负，但是只有两个利他遗赠动机的类型变量 D3(*Altruism*) 和 D4(*Altruism*) 的估计系数在 1% 显著性水平上为负。进一步通过邹检验表明：除了 D3(*Altruism*) 外，其他全部反映不同强度利己遗赠动机和利他遗赠动机的类型变量的边际系数在两个子样本中均存在显著差异。

根据分组比较可以明显发现：低龄老年人组的利他遗赠动机对住房反向抵押贷款需求意愿的约束影响边际效应更强；而高龄老年人组的利己遗赠动机对住房反向抵押贷款需求意愿约束影响边际效应更强。研究认为：低龄老年人的身体健康状态和经济状态相对较好，仍然处于财富积累年龄阶段，因此低龄老年人遗赠动机类型更多表现为子女提供财富支持的利他性遗赠动机倾向。而高龄老年人身体健康状态下滑，照顾、护理和医疗等方面的养老消费支出逐渐增加，因此高龄老年人遗赠动机类型，更多表现为换取子女赡养为目的利己遗赠动机倾向（策略性遗赠动机）。

二、职业类别的分组检验

为了检验不同强度的利己和利他遗赠动机对住房反向抵押贷款需求意愿的约束影响是否存在职业类别的差异，本研究将样本划分为保障型职业样本（机关事业单位、国企职工）和非保障型职业（私企员工、个体自雇或其他），分别对两个子样本进行回归分析。由表 5－9 的年龄段分组检验结果可以看出：

对于保障型职业样本来说，反映不同强度利己遗赠动机和利他遗赠动机的类型变量估计系数全部都在 1% 显著性水平上为负。而对于非保障型职业样本来说，反映不同强度利己遗赠动机的类型变量估计系数全部都在 1% 显著性水平上为负；但是只有两个利他遗赠动机的类型变量 D3(*Altruism*) 和

D4(*Altruism*) 的估计系数在1%显著性水平上为负。进一步通过邹检验表明：所有的反映不同强度利己遗赠动机和利他遗赠动机的类型变量边际系数在两个子样本中均存在显著差异。

根据分组比较可以明显发现：保障型职业组的不同强度利己遗赠动机和利他遗赠动机对住房反向抵押贷款需求意愿约束影响的边际效应，均显著强于非保障型职业组。研究认为：具有保障型职业老年人，具有较为稳定的收入来源和社会保障渠道，未来养老金不足的风险感知较低，因此，他们的利己遗赠动机和利他遗赠动机对住房反向抵押贷款需求意愿约束作用更强。而对于非保障型职业的老年人，由于收入来源和社会保障不稳定，利己遗赠动机和利他遗赠动机对其需求决策的约束影响相对较弱。

三、性别的分组检验

为了检验不同强度的利己和利他遗赠动机对住房反向抵押贷款需求意愿的约束影响是否存在性别的差异，本研究对男性样本和女性样本分别进行回归分析。由表5-7的性别分组检验结果可以看出：

对于男性样本来说，除了D2(*Egoism*) 外，其他的反映不同强度利己遗赠动机和利他遗赠动机类型变量的估计系数全部都在1%显著性水平上为负。而对于女性样本来说，除了D2(*Altruism*) 外，其他的反映不同强度利己和利他遗赠动机类型变量的估计系数全部都在1%显著性水平上为负。进一步通过邹检验表明：所有的反映不同强度的利己遗赠动机和利他遗赠动机类型变量的边际系数在两个子样本中均存在显著差异。

根据分组比较可以明显发现：当利己遗赠动机和利他遗赠动机处于较高强度的时候，男性样本组的遗赠动机对住房反向抵押贷款需求意愿约束影响边际效应均显著强于女性样本组；然而，当利己遗赠动机和利他遗赠动机强度较低时候，男性样本组的遗赠动机约束作用显著弱于女性样本组。研究认为：一般来说，家庭成员中的男性具有更强的家族传承和代际转移观念，因此，当利己遗赠动机和利他遗赠动机越强时，相比较女性老年人来说，男性老年人对住房反向抵押贷款的需求意愿更低。

表 5-7 分组检验比较

解释变量	被解释变量：需求意愿（*Willingness*）									
	分组特征									全样本
	年龄段			职业类型			性别			
	低龄老人	高龄老人	Chow-Test χ^2	保障型职业	非保障型职业	Chow-Test χ^2	男性	女性	Chow-Test χ^2	
利己遗赠动机										
D1（*Egoism*）	-3.009*** (-4.50)	-7.259*** (-3.27)	3.35*	-1.550*** (-2.84)	-6.856*** (-11.58)	43.42***	-1.550*** (-3.76)	-11.774*** (-20.78)	21.28***	-1.750*** (-4.37)
D2（*Egoism*）	-1.777*** (-3.63)	2.502 (1.40)	5.33**	-6.302*** (-8.96)	-1.485*** (-3.79)	35.79***	-0.437 (-1.14)	-1.582*** (-3.41)	3.62*	-1.451*** (-3.15)
D3（*Egoism*）	-5.590*** (-17.84)	-10.460*** (-3.74)	3.00*	-8.684*** (-13.79)	-1.847*** (-5.22)	89.59***	-7.331*** (-13.32)	-1.321*** (-3.54)	81.76***	-2.216*** (-4.57)
D4（*Egoism*）	-1.998*** (-5.63)	-6.876*** (-8.96)	33.26***	-5.329*** (-12.63)	-2.179*** (-6.28)	33.25***	-5.354*** (-17.05)	-2.382*** (-6.11)	35.26***	-2.799*** (-4.07)
利他遗赠动机										
D1（*Altruism*）	-1.468*** (-3.37)	0 (omitted)	11.35***	-4.632*** (-6.51)	-0.389 (-0.87)	25.51***	-1.532*** (-4.61)	-5.996*** (-6.51)	20.80***	-1.917*** (-4.73)
D2（*Altruism*）	-1.066** (-2.39)	0.791 (0.63)	1.92	-2.597*** (-3.52)	0.072 (0.16)	9.39***	-1.434*** (-3.94)	-0.130 (-0.22)	3.55*	-0.331 (-0.84)
D3（*Altruism*）	-8.469*** (-9.09)	-3.596*** (-2.62)	8.63***	-10.477*** (-14.12)	-1.834*** (-3.52)	90.87***	-6.853*** (-11.76)	-2.646*** (-5.38)	30.42***	-3.151*** (-6.76)

续表

解释变量	被解释变量：需求意愿（*Willingness*）									
	分组特征									全样本
	年龄段			职业类型			性别			
	低龄老人	高龄老人	Chow - Test χ^2	保障型职业	非保障型职业	Chow - Test χ^2	男性	女性	Chow - Test χ^2	
D4（*Altruism*）	-6.063*** （-14.01）	-8.877*** （-6.52）	3.88**	-6.408*** （-14.54）	-3.311*** （-6.60）	21.50***	-7.412*** （-14.27）	-3.188*** （-6.33）	34.10***	-4.270*** （-5.57）
控制变量	Yes	Yes		Yes	Yes		Yes	Yes		Yes
Number of observations	377	213		280	310		293	297		590
LR χ^2	1037.58	475.80		781.02	700.31		752.94	624.41		1464.94
Prob > χ^2	0.000	0.000		0.000	0.000		0.000	0.000		0.0000
Pseudo R^2	0.8844	0.9234		0.8994	0.8134		0.8427	0.7857		0.8297
Log likelihood	-67.81	-19.73		-43.66	-80.33		-70.27	-85.14		-150.35

注：本表的括号内表示 *Z* 值；***、**、* 分别表示参数在 1%、5%、10% 水平上显著。

第六章　社区养老服务与房产税实施对遗赠动机约束影响的缓解效应

第一节　理论分析与研究假设

一、社区养老服务的缓解效应

面对老龄化日益加剧，中国政府提出了积极应对老龄化国家战略，并不断完善老龄事业发展的解决方案，逐步推进医养结合、居家养老与社区养老的高质量发展。①② 近年来，以城市社区养老服务为基础的养老服务体系不断完善，社区居家养老逐渐成为传统家庭养老的替代模式。③④⑤

“社区养老服务体系”是通过“政府扶持、社会参与、市场运作”，逐步建立以家庭养老为核心，社区服务为依托，专业化服务为依靠，向居家老人提供生活照料、医疗保健、精神慰藉、文化娱乐等为主要内容的居家养老服务体系。其既可以满足老年人的“居家养老生活”的幸福感，同时由社区提供医

---

① 侯冰．老年人社区居家养老服务需求层次及其满足策略研究［J］．社会保障评论，2019，3（3）：147－159.

② 龚志文，李丹．从模式到服务：城市社区养老认知的重构——超越养老模式，从养老服务的角度深化养老服务体系［J］．河南社会科学，2020，28（11）：115－124.

③ 闫小红．社会资本理论视角下家庭养老替代模式选择及路径构建——以济南市D社区综合养老服务中心个案研究为例［J］．广西社会科学，2020（4）：73－78.

④ 崔树义，杨素雯，田杨．供需视角下社区居家养老服务提质增效研究——基于山东省1200名老年人的调查［J］．山东社会科学，2020（9）：127－133.

⑤ 王振振，何邦倩，雍岚．我国居家养老社区服务均等化分析框架与实证探索——基于北京、南京、咸阳三市的调查［J］．科学决策，2020（7）：49－69.

疗、护理和精神慰藉等专业化服务也可以满足老年人“多元化、多层次”的养老需求。因此，社区养老服务满意度越高，老年人参与社区养老模式的意愿越强，对传统家庭养老的依赖性就会减弱。例如，杜鹏等（2016）[①]、吕守军等（2019）[②] 从社区养老服务质量和社区养老多样化的角度实证验证了社区养老对传统家庭养老具有很强的替代功能，同时也验证了社区养老能够显著削弱遗赠动机对社会资源优化配置的约束影响。而温海红和王怡欢（2019）[③]、陈谦谦和郝勇（2020）[④] 则从财富消费心理角度，实证检验了社会养老服务功能健全可以显著增加老年人的消费倾向，增加财富流动性水平，减弱财富遗赠行为和预防性储蓄行为。

社区养老模式不是家庭养老，也不是社会养老，而是将机构养老中的服务引入社区，实行社区的居家养老。我国社区居家养老服务体系运行成本，是由政府和市场共同分担的，随着老年人对“多层次、多元化”社区养老服务资源的期望提高，其未来养老资金支出预期将不断增加，而住房反向抵押贷款作为养老金融资模式，则是一种增加未来养老资金流动性的补充方式。因此，如果老年人对自己所在社区养老满意度较高（社区养老服务体系较健全、养老资源较丰富），将会逐渐释放养老资金的流动性，增加相应生活照料、医疗保健、精神慰藉、文化娱乐等方面的消费动机，进而会逐渐弱化对传统家庭养老和子女赡养的依赖性。而老年人参与住房反向抵押贷款模式能够补充养老资金，从而有助于享受“多层次、多元化”社区养老服务资源，那么，遗赠动机对住房反向抵押贷款需求意愿的约束作用就会减弱。由此，提出研究假设 6 - 1。

研究假设 6 - 1：社区养老满意度的增加能够显著减弱遗赠动机对住房反向抵押贷款需求意愿的约束影响。

---

① 杜鹏，孙鹃娟，张文娟，王雪辉．中国老年人的养老需求及家庭和社会养老资源现状——基于2014年中国老年社会追踪调查的分析［J］．人口研究，2016，40（6）：49 - 61.

② 吕守军，代政，孙健．社会养老、代际支持与土地流转——基于 CHARLS 数据的实证分析［J］．经济经纬，2019，36（6）：25 - 31.

③ 温海红，王怡欢．基于个体差异的“互联网 +”居家社区养老服务需求分析［J］．社会保障研究，2019（2）：40 - 48.

④ 陈谦谦，郝勇．社区养老服务对老年人心理健康改善的影响研究［J］．西北人口，2020，41（3）：79 - 91.

二、房产税实施的缓解效应

《2018年中国城市家庭财富健康报告》① 显示，中国家庭住房资产占家庭总资产的77.7%，远高于美国的34.6%，因此，住房资产吸收了我国居民大量家庭资产流动性。随着过去几年中国房价过快上涨，居民的预期住房财富效应逐渐增强，住房资产成为家庭财富积累和代际转移的重要纽带，加剧了居民的住房遗赠动机倾向。一些发达国家或地区，一般通过征收遗产税调节财富分配，促进社会资源的优化配置。但是，遗产税在中国实施的难度较大，而我国房产税的稳步推进，在住房资源优化配置上具有一定的替代功能。陈健和黄少安（2013）② 研究认为，在中国情境下，可以逐步扩大房产税的实施范围，增加住房持有成本和代际转移成本，从而弱化居民的住房遗赠动机。进一步，刘友金和曾小明（2018）③、周建军等（2021）④ 利用中国房产税试点城市和非试点城市的统计数据，实证研究发现征收房产税对试点城市房价具有较为显著的稳定作用，主要原因是房产税的实施可以显著降低居民财富代际转移的发生概率，从而间接影响住房市场的供需关系。张宁等（2020）⑤ 则构建了参与住房反向抵押贷款的福利效应模型，模拟测算了房产税或遗产税的实施对老年人参与住房反向抵押贷款财富价值的影响，并通过数值模拟验证：房产税率如果超过1.19%，就会显著提高老年人参与住房反向抵押贷款的财富价值，有利于以房养老的实施推广。基于上述论述，房产税的实施可增加住房的持有成本和代际转移成本，从而弱化居民的住房遗赠动机，那么，遗赠动机对住房反向抵押贷款需求意愿的约束影响也将会减弱。由此，提出研究假设6-2。

---

① 数据来源：http://finance.cnr.cn/jjgd/20190118/t20190118_524486979.shtml.

② 陈健，黄少安．遗产动机与财富效应的权衡：以房养老可行吗？［J］．经济研究，2013（9）：56-70.

③ 刘友金，曾小明．房产税对产业转移的影响：来自重庆和上海的经验证据［J］．中国工业经济，2018（11）：98-116.

④ 周建军，任娟娟，鞠方．房产税能否抑制实体经济“脱实向虚”——来自上海和重庆的经验分析［J］．财经科学，2021（2）：84-94.

⑤ 张宁，王燕平，孙晨，宁晓芙．以房养老的房产税和遗产税影响研究［J］．宏观经济研究，2020（2）：75-83.

研究假设 6-2：房产税实施能够显著减弱遗赠动机对住房反向抵押贷款需求意愿的约束影响。

第二节　研究设计

一、数据来源

本研究数据来源于教育部人文社科基金项目的有关住房反向抵押贷款需求意愿的实证调研数据。本研究选择了北京和上海的城市 50 岁以上老年人为实验对象，采取填写实验问卷的方式进行。选择北京和上海市作为研究区域的原因：(1) 北京和上海两个城市，于 2014 年 6 月开始实施老年人住房反向抵押贷款养老保险，都是中国住房反向抵押贷款模式的试点城市；(2) 北京和上海都属于中国的发达城市，两个城市在经济、科技、工业、金融、文化等方面具有一定相似特征，在进行实证研究的时候可以控制宏观环境因素影响；(3) 上海市于 2011 年开始试点房产税，对居民新购房且属于第二套及以上住房和非本市居民新购房，开征 0.6% 的房产税，上海市老年人的实验问卷可以作为"房产税改革的实验处理组"；而北京市尚未对居民住房征收房产税，可以作为"房产税改革的实验对照组"。

课题组于 2019 年 7～8 月，对北京和上海的城市 50 岁以上老年人进行了问卷实验。课题组采取了分层抽样的方法对调研区域进行选择，其中，北京主城区包括东城区、西城区、海淀区 、朝阳区、丰台区和石景山区，课题组随机选取 4 个城区作为调研区域，然后在调研区域中又随机选择 5 个养老社区工作站作为实验地点；上海主城区包括黄浦区、浦东新区、徐汇区、长宁区、静安区、普陀区、闸北区、虹口区和杨浦区。课题组同样地随机选取 4 个城区作为调研区域，然后在调研区域中又随机选择 5 个养老社区工作站作为实验地点。实验问卷首先采集了受访者的性别、年龄、收入水平、子女数量、房产数量、健康状况、学历水平等人口统计信息；其次，测度了受访者的利己和利他遗赠动机强度、养老服务需求状况以及社区养老认知程度；最后，调研人员从中性角度介绍了住房反向抵押贷款的基本特征、申请条件、年金方式等实施条款，使受访者处于住房反向抵押贷款申请环境中，从而有效测度受访者对住房反向抵押贷款模式的需求意愿和政策评价。此次调研项目共发放700份实验问卷，回收有效实验问卷590份（其中，北京市286份，上海市304份），实际有效率为84.29%。考虑到住房反向抵押贷款模式的潜在需求者，不仅包括当前已经退休的老年人，处于退休年龄前的中年人也需要规划未来的养老方式，因此实验数据中包括了60岁以上已退休的老年人（占总样本的82.37%）和50～59岁未退休的中年人（占总样本的17.63%）。

二、变量选取

（一）被解释变量

本章的被解释变量是住房反向抵押贷款需求意愿（*Willingness*）。在测度实验参与者的需求倾向时，本书借鉴行为意愿相关研究[①]，采用了五点李克特量表方法。具体而言，让参与实验的老年人在了解住房反向抵押贷款运行流程后，分别回答“是否愿意参与住房反向抵押贷款?”，实验问卷要求实验参与者在“完全没兴趣”“不太感兴趣”“不确定”“比较感兴趣”和“非常感兴趣”五个选项之间进行选择，并且将其分别赋值为1、2、3、4和5五个分值。

（二）解释变量

本章重点考察了老年人的利己和利他遗赠动机，对住房反向抵押贷款需求意愿的约束影响，因此分别选择利己遗赠动机和利他遗赠动机作为核心解释变量。

1. 利己遗赠动机（*Egoism*）：目前许多研究认为父母的住房遗赠行为主要是利己动机考虑的战略性选择，父母更倾向于把住房遗产赠给“与自己关系更为亲近”的子女，从而换取子女的照顾、赡养和尊重。因此，如果父母对“生活照顾、访问次数和生活亲近度”要求越高，那么父母表现的利己遗

① 陈力朋，郑玉洁，徐建斌．消费税凸显性对居民消费行为的影响——基于情景模拟的一项实证研究［J］．财贸经济，2016（07）：34－49.

赠动机就越强。因此，本研究借鉴 Mulder 和 Smits（2013）①、Yang 和 Gan（2020）② 有关利己遗赠动机的测量方法，让参与实验的老年人回答“您是否需要子女对您的生活进行照顾、访问和赡养?”，实验问卷要求实验参与者在“完全不需要”“不太需要”“不确定”“较为需要”和“非常需要”五个选项之间进行选择，分别代表实验参与者的利己遗赠动机强度逐渐增强。为了更好测度不同强度利己遗赠动机对住房反向抵押贷款需求意愿的影响，本研究分别设置了四个二元虚拟变量：D1(*Egoism*)、D2(*Egoism*)、D3(*Egoism*) 和 D4(*Egoism*)，即以“无利己遗赠动机”特征为基准，当四个二元虚拟变量依次取值为 1 时，其分别表示实验者具有“弱利己遗赠动机”“中性利己遗赠动机”“较强利己遗赠动机”和“强利己遗赠动机”。

2. 利他遗赠动机（*Altruism*）：目前仍有部分研究认为父母的遗赠行为，尤其是亚洲国家更多体现为利他遗赠动机特征：父母把子女幸福放在首位，不考虑回报下把财富遗赠给子女，从而实现家族财富代际传承；具体表现为：父母倾向于减少自己的消费支出和财富积累，从而给予子女经济或者生活方面的支持。Bellettini 等（2017）③、Niimi 和 Horioka（2019）④ 则分别通过实验问卷有效测度了美国、日本老年人的利他遗赠动机，研究了不同类型遗赠动机对家庭财富积累的影响。因此本研究在他们研究方法基础上，设计了我国老年人遗赠动机实验问卷，有效测度了利他遗赠动机强度。具体而言，嵌入情景环境下让受访人回答以下问题：假设您现在已经 80 岁，拥有 100 万元的财富，而且已经住在专业养老服务机构。您愿意消费多少财富住在养老院的私人空间里（假设剩下的财富将作为遗产留给您的子女或后代）？实验问卷要求实验参与者在以下五个选项做出选择：①我愿意消费全部 100 万元的财富，不会给子女

① Mulder C H, Smits A. Inter - generational ties, financial transfers and home - ownership support [J]. Journal of Housing and the Built Environment, 2013, 28 (1): 95 - 112.

② Yang X, Gan L. Bequest motive, household portfolio choice, and wealth inequality in urban China [J]. China Economic Review, 2020, 60 (4): 101399.

③ Bellettini G, Taddei F, Zanella G. Intergenerational altruism and house prices: evidence from bequest tax reforms in Italy [J]. European Economic Review, 2017, 92 (2): 1 - 12.

④ Niimi Y, Horioka C Y. The wealth decumulation behavior of the retired elderly in Japan: The relative importance of precautionary saving and bequest motives [J]. Journal of the Japanese and International Economies, 2019, 51 (3): 52 - 63.

或后代留下任何遗产；②我愿意消费大约75万元的财富，会把剩余25万元的财富作为遗产留给子女或后代；③我愿意消费大约50万元的财富，会把剩余50万元的财富作为遗产留给子女或后代；④我愿意消费大约25万元的财富，会把剩余75万元的财富作为遗产留给子女或后代；⑤我不愿意消费任何财富，会把全部100万元的财富作为遗产留给子女或后代。根据受访人对5个问题的选择，分别代表利他遗赠动机强度逐渐增强。为了更好测度不同强度利他遗赠动机对住房反向抵押贷款需求意愿的影响，本研究分别同样地设置了四个二元虚拟变量：D1(*Altruism*)、D2(*Altruism*)、D3(*Altruism*) 和 D4(*Altruism*)。即以"无利他遗赠动机"特征为基准，当四个二元虚拟变量依次取值为1时，其分别表示实验者具有"弱利他遗赠动机""中性利他遗赠动机""较强利他遗赠动机"和"强利他遗赠动机"。

（三）调节变量

1. 社区养老满意度（*Community*）：社区居家养老模式对传统家庭养老模式具有较强的替代功能，如果社区养老服务体系较健全、养老资源较丰富，就会弱化传统家庭养老和子女赡养的选择行为。我国社区居家养老服务体系是"政府扶持、社会参与、市场运作"的模式，其运行成本由政府和市场共同分担（政府负责基础建设，机构负责市场化运营），随着老年人对"多层次、多元化"社区养老服务资源的需求期望提高，其未来养老金支出预期将不断增加，而住房反向抵押贷款作为养老金融资模式，则是一种增加未来养老资金流动性的补充方式。因此，如果老年人对社区居家养老服务满程度较高，在一定程度上可以减弱遗赠动机倾向。本实验采用了五点李克特量表法来测量"社区养老服务满意度"。具体而言，让参与实验的老年人回答"您是否满意所在社区的生活照料、医疗保健、精神慰藉、文化娱乐等主要服务"，实验问卷要求实验参与者在"非常不满意""有点不满意""不确定""较为满意"和"非常满意"五个选项之间进行选择，并且将其分别赋值为1、2、3、4和5五个分值。

2. 房产税改革（*Tax*）：实施遗产税或房产税可以增加住房资产的遗赠成本或持有成本，如果从家庭财富代际转移角度看，父母就会在"遗赠房产"和"转换现金流"之间进行权衡，因此，实施遗产税或房产税一定在程度上可以减弱遗赠动机倾向。随着中国税收改革的深入推进，遗产税和房产税正在讨论和研究中，鉴于中国国情，遗产税的实施阻力较大；但是，房产税已经于2011年，在中国的重庆、上海等城市开始试点推广，我国房产税改革的稳步推进，在住房资源优化配置上具有一定的替代功能。因此，本研究选择房产税试点城市（上海市）的实验对象作为处理组；以非房产税试点城市（北京市）的实验对象作为对照组，分组虚拟变量 *Tax* 在处理组的赋值为1，在对照组的赋值为0。

（四）控制变量

为了控制实验参与者的其他人口和家庭环境特征，本研究借鉴国内外住房反向抵押贷款的相关研究①②③，选择了性别、年龄、收入水平、子女数量、房产数量、健康状况、学历水平等人口统计信息作为控制变量。

三、计量模型

本研究的被解释变量是住房反向抵押贷款的需求意愿（$Willingness_i$），是取值范围为1~5的有序离散变量。为实证检验利己和利他遗赠动机对住房反向抵押贷款需求意愿的影响，构建如下Ordered－Probit计量模型，具体实证模型如下：

$$\begin{aligned} Willingness_i^* = {} & \alpha_0 + \sum_{j=1}^{4} \beta_j D_j(Egoism_i) + \sum_{j=1}^{4} \gamma_j D_j(Altruistic_i) \\ & + \varphi_1 Community_i + \varphi_2 Tax_i + \sum_{j=1}^{4} \vartheta_j D_j(Egoism_i) Community_i \\ & + \sum_{j=1}^{4} \omega_j D_j(Altruistic_i) Community_i + \sum_{j=1}^{13} \theta_j X_{ij} + \mu_i \end{aligned} \quad (6-1)$$

① Swarn C. Reverse Mortgage Participation in the United States: Evidence from a National Study [J]. International Journal of Financial Studies, 2016, 4 (1): 1-10.

② Dillingh R, Prast H, Rossi M, et al. Who wants to have their home and eat it too? Interest in reverse mortgages in the Netherlands [J]. Journal of Housing Economics, 2017, 38 (1): 25-37.

③ 熊景维，钟涨宝，李奥奇．保障替代、代际契约与信息引致："以房养老"参与意愿的影响因素——基于武汉市老年人调查数据的实证分析［J］．人口研究，2017（01）：48-60.

$$
\begin{aligned}
Willingness_i^{\ *} = \alpha_0 &+ \sum_{j=1}^{4}\beta_j D_j(Egoism_i) + \sum_{j=1}^{4}\gamma_j D_j(Altruistic_i) \\
&+ \varphi_1 Community_i + \varphi_2 Tax_i + \sum_{j=1}^{4}\vartheta_j D_j(Egoism_i)Tax_i \\
&+ \sum_{j=1}^{4}\omega_j D_j(Altruistic_i)Tax_i + \sum_{j=1}^{13}\theta_j X_{ij} + \mu_i \qquad (6-2)
\end{aligned}
$$

其中，$Willingness_i^{\ *}$为住房反向抵押贷款需求意愿（$Willingness_i$）的潜变量，当 $Willingness_i^{\ *} \leqslant \gamma_1$ 时，$Willingness_i = 1$；当 $\gamma_1 < Willingness_i^{\ *} \leqslant \gamma_2$ 时，$Willingness_i = 2$；当 $\gamma_2 < Willingness_i^{\ *} \leqslant \gamma_3$ 时，$Willingness_i = 3$；当 $\gamma_3 < Willingness_i^{\ *} \leqslant \gamma_4$ 时，$Willingness_i = 4$；当 $\gamma_4 < Willingness_i^{\ *}$ 时，$Willingness_i = 5$。$\gamma_i(i=1,2,3,4)$ 是待估计的截断点（Cut Point）。

模型中分别考察了社区养老服务满意度（$Community_i$）和房产税实施（Tax_i）对遗赠动机与住房反向抵押贷款需求意愿关系的调节作用。X_{ij}为其他控制变量；μ_i表示与解释变量无关的随机扰动项。对于 Ordered – Probit 模型而言，只要随机干扰项与解释变量不相关，那么采取极大似然估计的参数就是一致估计量。

第三节　社区养老服务与房产税实施缓解效应实证结果

一、社区养老服务对遗赠动机约束影响的调节作用

为了验证社区养老服务满意度（*Community*）对不同强度利己遗赠动机的调节作用，在模型中分别加入不同强度利己遗赠动机与社区养老服务满意度的交互项：D1(*Egoism*) × *Community*、D2(*Egoism*) × *Community*、D3(*Egoism*) × *Community* 和 D4(*Egoism*) × *Community*。检验结果如表 6 – 1 中模型（1）~ 模型（4）所示：除了强利己遗赠动机与社区养老服务满意度的交互项（D4(*Egoism*) × *Community*）没有通过显著性检验外，其他不同强度利己遗赠动机与社区养老满意度的交互项，均在 1% 或 5% 水平上显著为正，即社区养老服务满

意度，对具有“弱利己遗赠动机”“中性利己遗赠动机”和“较强利己遗赠动机”特征老年人的需求意愿均具有正向调节作用。这也说明社区养老服务体系对传统家庭养老模式具有替代作用，可以减弱利己遗赠动机对住房反向抵押贷款需求意愿的约束影响。

为了验证社区养老服务满意度（*Community*）对不同强度利他遗赠动机的调节作用，在模型中加入不同强度利他遗赠动机与社区养老服务满意度的交互项：D1(*Altruism*) × *Community*、D2(*Altruism*) × *Community*、D3(*Altruism*) × *Community* 和 D4(*Altruism*) × *Community*。

表 6－1　　社区养老服务满意度的调节效应

变量	被解释变量：需求意愿（*Willingness*）							
	(1)	(2)	(3)	(4)	(5)	(6)	(7)	(8)
D1(*Egoism*)	-6.055*** (-2.85)	-1.391*** (-3.32)	-1.612*** (-3.99)	-1.705*** (-4.28)	-1.328*** (-3.20)	-1.775*** (-4.39)	-1.792*** (-4.43)	-1.738*** (-4.32)
D2(*Egoism*)	-1.579*** (-3.30)	-6.105*** (-4.10)	-1.520*** (-3.50)	-1.428*** (-3.16)	-1.600*** (-3.34)	-1.457*** (-3.10)	-1.465*** (-3.10)	-1.447*** (-3.16)
D3(*Egoism*)	-2.182*** (-4.40)	-2.183*** (-4.26)	-4.011*** (-4.06)	-2.172*** (-4.59)	-2.173*** (-4.38)	-2.267*** (-4.50)	-2.274*** (-4.51)	-2.213*** (-4.58)
D4(*Egoism*)	-2.833*** (-4.14)	-2.936*** (-4.31)	-2.869*** (-4.22)	-4.278*** (-3.33)	-2.862*** (-4.15)	-2.776*** (-4.02)	-2.758*** (-3.97)	-2.821*** (-4.11)
D1(*Altruism*)	-1.680*** (-4.04)	-1.884*** (-4.50)	-1.855*** (-4.62)	-1.897*** (-4.72)	-6.592*** (-3.48)	-1.925*** (-4.74)	-1.934*** (-4.76)	-1.918*** (-4.73)
D2(*Altruism*)	-0.379 (-0.94)	-0.286 (-0.72)	-0.290 (-0.74)	-0.338 (-0.88)	-0.395 (-0.98)	0.088 (0.09)	-0.370 (-0.91)	-0.328 (-0.83)
D3(*Altruism*)	-3.094*** (-6.60)	-3.142*** (-6.64)	-3.193*** (-6.84)	-3.069*** (-6.65)	-3.072*** (-6.59)	-3.224*** (-6.48)	-2.607*** (-2.99)	-3.148*** (-6.77)
D4(*Altruism*)	-4.349*** (-5.68)	-4.430*** (-5.84)	-4.340*** (-5.68)	-4.547*** (-5.00)	-4.338*** (-5.66)	-4.238*** (-5.50)	-4.208*** (-5.42)	-4.548*** (-4.40)
D1(*Egoism*) × *Community*	1.180** (2.09)							
D2(*Egoism*) × *Community*		1.171*** (3.35)						

续表

变量	被解释变量：需求意愿（*Willingness*）							
	(1)	(2)	(3)	(4)	(5)	(6)	(7)	(8)
D3(*Egoism*) × *Community*			0.607** (2.18)					
D4(*Egoism*) × *Community*				0.696 (1.51)				
D1(*Altruism*) × *Community*					1.221*** (2.61)			
D2(*Altruism*) × *Community*						−0.128 (−0.49)		
D3(*Altruism*) × *Community*							−0.222 (−0.74)	
D4(*Altruism*) × *Community*								0.149 (0.41)
Community	−0.094 (−0.18)	0.140 (0.48)	0.696*** (3.50)	0.894*** (5.52)	−0.084 (−0.19)	1.061*** (4.69)	1.088*** (5.03)	0.950*** (5.55)
Tax	1.472*** (5.91)	1.502*** (5.98)	1.512*** (6.08)	1.564*** (6.35)	1.453*** (5.82)	1.573*** (6.32)	1.579*** (6.35)	1.542*** (6.24)
Control Variables	Yes	Yes	Yes	Yes	Yes	Yes	Yes	Yes
Number of observations	590	590	590	590	590	590	590	590
LR χ^2	1469.3	1476.4	1469.7	1467.4	1472.0	1465.2	1465.5	1465.1
Prob $>\chi^2$	0.000	0.000	0.000	0.000	0.000	0.000	0.000	0.000
PseudoR^2	0.832	0.836	0.832	0.831	0.834	0.830	0.830	0.830
Log likelihood	−148.2	−144.6	−148.0	−149.1	−146.8	−150.2	−150.1	−150.3

注：本表的括号内表示 Z 值；***、**、*分别表示参数在 1%、5%、10% 水平上显著。

检验结果如表 6−1 中模型（5）~模型（8）所示：除了弱利他遗赠动机与社区养老满意度的交互项（D1(*Altruism*) × *Community*）在 1% 水平上显著为正外，其他不同强度利他遗赠动机与社区养老满意度交互项的检验结果均不显著。这说明完善社区居家养老服务体系，虽然可以减弱传统家庭养老的依赖性，减弱利己遗赠动机对住房反向抵押贷款需求意愿的约束影响，但是对具有较强利他遗赠动机（例如，D2(*Altruism*)、D3(*Altruism*) 和 D4(*Altruism*)）的老年人（不考虑回报情况下把财富赠予子女，从而实现家族的财富代际传承）影响作用不显著。

二、房产税实施对遗赠动机约束影响的调节作用

为了验证房产税实施（*Tax*）对不同强度利己遗赠动机的调节作用，在模型中分别加入不同强度利己遗赠动机与房产税的交互项：D1(*Egoism*)×*Tax*、D2(*Egoism*)×*Tax*、D3(*Egoism*)×*Tax* 和 D4(*Egoism*)×*Tax*。检验结果如表 6-2 中模型（1）~模型（4）所示：除了 D3(*Egoism*)×Tax 的边际系数在5%水平上显著为正，其他不同强度利己遗赠动机与房产税交互项的检验结果均不显著。这说明实施房产税，仅仅对具有“较强利己遗赠动机”老年人的需求意愿具有正向调节作用，对其他强度利己遗赠动机约束影响的缓解作用不明显。

为了验证房产税的实施（*Tax*）对不同强度利他遗赠动机的调节作用，在模型中分别加入不同强度利他遗赠动机与房产税的交互项：D1(*Altruism*)×*Tax*、D2(*Altruism*)×*Tax*、D3(*Altruism*)×*Tax* 和 D4(*Altruism*)×*Tax*。检验结果如表 6-2 中模型（5）~模型（8）所示：虽然 D2(*Altruism*)×*Tax* 和 D3(*Altruism*)×*Tax* 的边际系数不显著，但是 D1(*Altruism*)×*Tax* 和 D4(*Altruism*)×*Tax* 的边际系数均在1%或5%的水平上显著为正。即实施房产税对“弱利他遗赠动机”和“强利他遗赠动机”老年人的住房反向抵押贷款需求意愿均具有正向调节作用。这说明实施房产税，增加了遗产继承成本，可以显著缓解不同强度利他遗赠动机对住房反向抵押贷款需求意愿的约束影响。

综合以上检验结果，可以推断：（1）老年人参与住房反向抵押贷款的需求意愿会受到利己遗赠动机和利他遗赠动机的双重约束影响；但是比较而言，利他遗赠动机（不考虑回报情况下实现家族的财富代际传承）对住房反向抵押贷款需求意愿的边际约束影响作用，要强于利己遗赠动机（交换遗赠动机或战略遗赠动机），这种现象比较符合受家族传承文化深刻影响的中国居民遗赠行为特征。（2）进一步的调节效应检验表明：提高社区养老服务质量和完善房产税制度，可以分别缓解利己遗赠动机、利他遗赠动机对住房反向抵押贷款需求意愿的约束作用。

表 6-2　房产税实施的调节作用

变量	被解释变量：需求意愿（*Willingness*）							
	(1)	(2)	(3)	(4)	(5)	(6)	(7)	(8)
*D*1(*Egoism*)	-1.287*** (-2.76)	-1.575*** (-4.26)	-1.558*** (-4.22)	-1.587*** (-4.29)	-2.256*** (-6.57)	-2.011*** (-6.16)	-2.002*** (-6.14)	-1.971*** (-6.08)
*D*2(*Egoism*)	-1.131*** (-2.73)	-1.295*** (-2.70)	-1.134*** (-2.80)	-1.090*** (-2.66)	-1.641*** (-4.05)	-1.506*** (-3.86)	-1.527*** (-3.93)	-1.523*** (-3.95)
*D*3(*Egoism*)	-1.781*** (-4.29)	-1.807*** (-4.31)	-2.450*** (-4.71)	-1.822*** (-4.33)	-2.394*** (-5.83)	-2.209*** (-5.58)	-2.162*** (-5.44)	-2.142*** (-5.40)
*D*4(*Egoism*)	-2.222*** (-3.54)	-2.294*** (-3.62)	-2.442*** (-3.81)	-2.491*** (-3.47)	-2.471*** (-4.39)	-2.327*** (-4.12)	-2.334*** (-4.18)	-2.592*** (-4.33)
*D*1(*Altruism*)	-1.448*** (-4.08)	-1.419*** (-4.10)	-1.386*** (-4.01)	-1.410*** (-4.07)	-3.046*** (-6.44)	-1.797*** (-5.65)	-1.789*** (-5.64)	-1.786*** (-5.67)
*D*2(*Altruism*)	-0.277 (-0.78)	-0.235 (-0.66)	-0.295 (-0.83)	-0.284 (-0.79)	-0.462 (-1.41)	-0.529 (-1.40)	-0.420 (-1.32)	-0.441 (-1.39)
*D*3(*Altruism*)	-2.673*** (-6.54)	-2.744*** (-6.63)	-2.642*** (-6.31)	-2.705*** (-6.56)	-3.206*** (-8.06)	-2.965*** (-7.87)	-3.102*** (-7.21)	-2.874*** (-7.65)
*D*4(*Altruism*)	-3.484*** (-5.15)	-3.441*** (-5.07)	-3.468*** (-5.06)	-3.555*** (-4.91)	-3.982*** (-6.09)	-3.791*** (-5.87)	-3.777*** (-5.90)	-4.232*** (-6.11)
*D*1(*Egoism*) × *Tax*	-0.576 (-1.10)							
*D*2(*Egoism*) × *Tax*		0.332 (0.86)						
*D*3(*Egoism*) × *Tax*			0.957** (2.36)					
*D*4(*Egoism*) × *Tax*				0.435 (0.92)				
*D*1(*Altruism*) × *Tax*					1.810*** (3.78)			
*D*2(*Altruism*) × *Tax*						0.144 (0.43)		
*D*3(*Altruism*) × *Tax*							0.247 (0.73)	

续表

变量	被解释变量：需求意愿（*Willingness*）							
	（1）	（2）	（3）	（4）	（5）	（6）	（7）	（8）
D4(*Altruism*) × *Tax*								1.430 ** (2.34)
Community	0.903 *** (6.15)	0.879 *** (6.09)	0.882 *** (6.11)	0.898 *** (6.15)	1.045 *** (7.75)	1.009 *** (7.67)	1.009 *** (7.71)	0.997 *** (7.54)
Tax	1.964 *** (3.90)	1.259 *** (3.80)	1.100 *** (4.13)	1.389 *** (5.85)	-0.695 * (-1.66)	0.670 *** (2.66)	0.643 *** (2.86)	0.555 *** (2.95)
Control Variables	Yes	Yes	Yes	Yes	Yes	Yes	Yes	Yes
Number of observations	590	590	590	590	590	590	590	590
LR χ^2	1431.4	1430.9	1436.0	1431.1	1365.9	1351.0	1351.4	1358.0
Prob $>\chi^2$	0.000	0.000	0.000	0.000	0.000	0.000	0.000	0.000
PseudoR^2	0.811	0.810	0.813	0.811	0.774	0.765	0.765	0.769
Log likelihood	-167.1	-167.3	-164.8	-167.3	-199.9	-207.3	-207.1	-203.8

注：本表的括号内表示 Z 值；***、**、* 分别表示参数在 1%、5%、10% 水平上显著。

其中，提高社会养老服务质量可以减弱传统家庭养老的依赖性，从而可以更有效地缓解利己遗赠动机对住房反向抵押贷款需求意愿的约束作用，间接增加住房反向抵押贷款的需求意愿；而房产税的实施主要是通过影响居民遗产继承成本，进而抑制利他遗赠行为倾向，因此，完善房产税制度可以更有效地缓解利他遗赠动机对住房反向抵押贷款需求意愿的约束作用。

第四节　研究结论与政策启示

一、研究结论

在人口老龄化加剧、家庭养老功能弱化、养老金缺口不断增大的情况下，住房反向抵押贷款模式不但可以改善老年人的经济状况、增强老年人自我养老保障能力，还可以减轻社会保障体系的财政压力，使老年人的福利水平得到显著提升。但是，目前住房反向抵押贷款模式在中国还是全新金融产品，是一种新的思维和生活方式，该模式在实践运行中出现了“有效需求不足”状况。

本研究基于行为经济学的视角，采用情景实验问卷和 Ordered - Probit 计量模型，实证分析了老年人的利己与利他遗赠动机对我国住房反向抵押贷款需求意愿的影响机制。研究发现（1）在控制老年人口特征情况下，老年人参与住房反向抵押贷款模式的需求意愿会受到“利己遗赠动机”和“利他遗赠动机”的双重约束影响，比较而言，利他遗赠动机对住房反向抵押贷款需求意愿的边际影响要强于利己遗赠动机。（2）提高社区养老服务质量可以减弱家庭养老的依赖性，从而能够间接缓解利己遗赠动机对住房反向抵押贷款需求意愿的约束影响；而房产税实施可以增加住房持有成本和代际转移成本，从而能够间接缓解利他遗赠动机对住房反向抵押贷款需求意愿的约束影响。（3）进一步根据年龄段、职业类型和性别进行分组检验发现：低龄老年人遗赠动机类型更多表现为子女提供财富支持的利他性遗赠动机倾向；保障型职业老年人未来养老金不足的风险感知较低，遗赠动机对住房反向抵押贷款需求意愿约束影响更强；男性具有更强的家族传承和代际继承观念，遗赠动机对住房反向抵押贷款需求意愿约束影响较强。

二、政策启示

基于实证研究结论，本研究提出如下政策启示：

（1）金融机构在住房反向抵押贷款产品设计时应充分考虑老年人的“利己遗赠动机”和“利他遗赠动机”对住房反向抵押贷款的需求意愿的双重约束影响，不断优化住房反向抵押贷款运行模式（例如，增加赎回选择权、补充年金方式、披露总成本率等），从而应对老年人利己与利他遗赠动机的约束作用。如，在住房反向抵押贷款运行模式中嵌入赎回选择权，设计产品中途退出机制，可以减弱遗赠动机对其参与意愿的约束作用。因为参与具有赎回选择权的住房反向抵押贷款实现了保留部分遗产价值的选择权，在一定程度上可以降低遗赠动机对老年人需求意愿的约束影响，更适合遗赠动机较强的退休居民。另外，金融机构在住房反向抵押贷款产品设计时，应根据老年人的消费偏好和风险偏好，设计具有针对性和个性化的年金支付方式，满足不同老年人的养老资金需求。同时，应该不断创新宣传策略，逐渐提高老年居民对住房反向抵押贷款运作原理的认知水平，进而减弱遗赠动机对其参与意愿的约束影响。

（2）国际经验表明，政府在住房反向抵押贷款市场化过程中发挥了重大作用，政府应在住房反向抵押贷款模式推广中，提供更加积极的政策支持并加大监管力度，增加住房反向抵押贷款市场公信力。首先，政府部门应该采取税收优惠、政府补贴和风险分担等方式提升金融机构开展住房反向抵押贷款的积极性，从而使其推出更加满足老年人多样化需求的住房反向抵押贷款产品类型；其次，政府部门应不断完善社区养老服务质量及专业化服务水平，持续提升社区支持养老的服务满意度，可以有效减弱遗赠动机对住房反向抵押贷款的约束影响；最后，社区机构应该积极构建住房反向抵押贷款专业咨询平台，增强老年人社会互动和认知能力，从而提升老年人参与住房反向抵押贷款的积极性。另外，尽管遗产税在中国实施的难度较大，但是房产税对调节住房财富分配具有一定替代功能，政府部门应完善房地产税立法及推广进度，可以一定程度上缓解居民的住房遗赠动机（增加了住房持有成本和代际转移成本），从而减弱遗赠动机对住房反向抵押贷款需求意愿的约束影响。

第七章　住房反向抵押贷款模式国际借鉴与资产证券化应用探索

第一节　美国住房反向抵押贷款市场

美国为解决少数老年人的生活困难，在 1960 年开始运行住房反向抵押贷款产品，是最早进行住房反向抵押业务的国家之一，由于贷款期限的强制设定及贷款风险转移到贷款申请人等因素业务最终以失败告终。1987 年美国政府颁布《Housing and Community Development Act》法案，由美国住房管理局进行担保住房与城市发展部（HUD）发行了 Home Equity Conversion Mortgage（HECM）产品，美国住房反向抵押市场逐渐走向成熟。1999 年为了增加 HECM 产品的流动性，成功地进行了证券化：FNMA（Federal National Mortgage Association），这开启了住房反向抵押贷款证券化发展的新时代（如图 7－1 所示）。

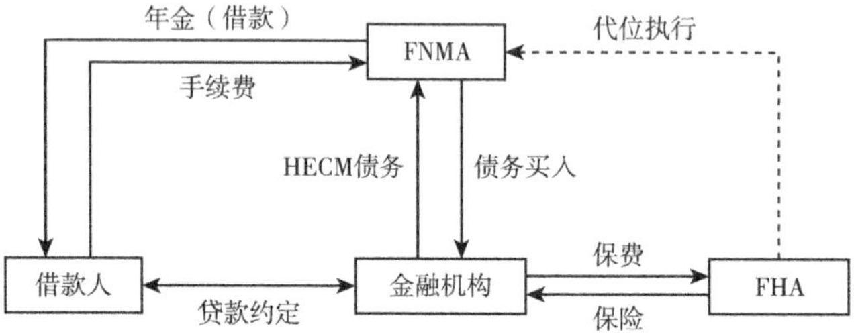

图 7－1　美国 FNMA 的 HECM 证券化运作流程①

为了保证 HECM 的市场资本流动性，HECM 制度在发行之初就确认了由 FNMA 进行债券买入的方法。FNMA 对 HECM 支付给借款人的债务进行买

① 王伟，高雅．住房反向抵押贷款养老模式的国际经验与启示［J］．金融与经济，2016（2）：60－63，32.

入，将借款人风险进行风险转移的同时收取一定的手续费用，借款人死亡或协议到期后对房屋进行资产处理并偿还本息。FHA 是 HECM 贷款的风险进行担保，借款人资产偿还本金时，FHA 通过代位执行的方式对 FNMA 进行补偿。FNMA 以购买 HECM 债券的方式向金融机构提供流动性，同时，也在一定程度上控制 HECM 的合约内容，如基准利率、加算利率上线、利率浮动周期等，金融机构集中销售满足 FNMA 标准的 HECM 产品，以确保流动性。但是 2008 年金融危机爆发以后 FNMA 减少了 HECM 债券的买入，2010 年 4 月全面终止。

FNMA 的 HECM 债券买入模式在很大程度上提高了美国住房反向抵押资本流动性，但是由于其结构比较单一。随着 HECM 市场规模的扩充及不可预测的金融风险，最终以失败告终。为了进一步减少风险，2007 年美国政府全国抵押协会（Government National Mortgage Association，GNMA）开始发行可流通性债务证券 HMBS（HECM－Backed Securities，HMBS）。发行机构从贷款机构购入 HECM 发行的债券，并以此作为基础资产发行流动性证券（如图 7－2 所示）。HMBS 资产池由单个 HECM 贷款向多个投资者开放，每一个投资者用 HECM 贷款证券化的份额，作为预支付给贷款人的年金，支付费 FHA 的保费及利息等。HMBS 发行机构为了保护投资者的利益设置强制赎回事件（Mandatory Purchase Event），当一笔 HECM 贷款的本息大于或等于最大索取额时，HMBS 发行机构有义务对投资者资金赎回。

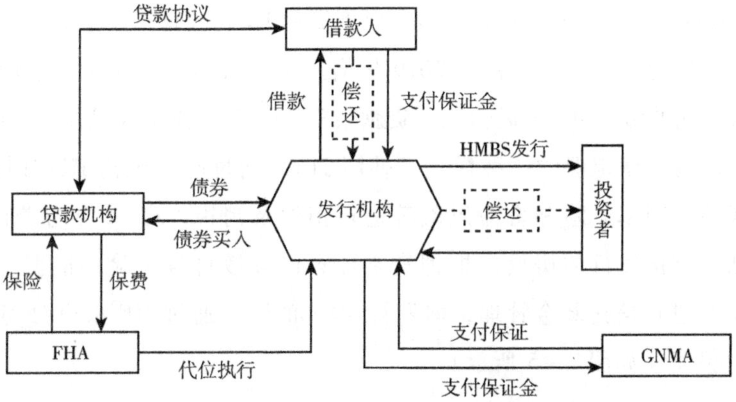

图 7－2　美国 GNMA 发行的住房反向抵押证券化运作流程

GNMA 的流通性在于将前期贷款和未来贷款分别打包以多阶段风险分散形式结构操作，如图 7－3 所示，近 5 年来 HMBS 平均每年发行约 90 亿美元，截至 2016 年底累积发行超过 719 亿美元，在美国住房反向抵押市场占有重要的地位。

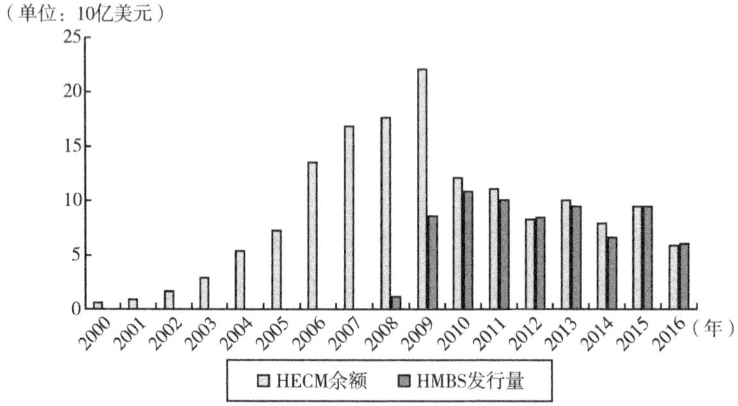

图 7－3　美国 HECM 保证余额和 HMBS 发行量（2000～2016 年）[①]

第二节　韩国住房反向抵押贷款市场

韩国的住房反向抵押贷款最开始于 1995 年，是通过银行进行发售的产品，由于其无法保证借款人终身房屋使用权最终以失败告终。2007 年具有政府机构 Korea Housing Finance Corporation（以下简称 HF）担保的 JTYK（住宅年金）开始发行并取得巨大成功，截至 2019 年借款申请人达 71303 人，平均年龄 72 岁，累计支付贷款 4747.5 亿韩元，贷款余额 75545 亿韩元（见图 7－4）。

作为政府信用担保的一种模式，韩国 JTYK 通过政府机构 HF 对贷款期间的住房风险、利率风险和寿命风险等进行担保及销售，JTYK 参考美国 HMBS 发行方法，直接发行住房反向抵押贷款证券以分散自身风险。根据《韩国住宅金融法》进行信托基金管理，即发行 MBS 的同时通过 HF 账户对 MBS 本息进行支付保证（如图 7－5 所示）。

① U. S. Department of Housing and Urban Development：https：//www. huduser. gov/.

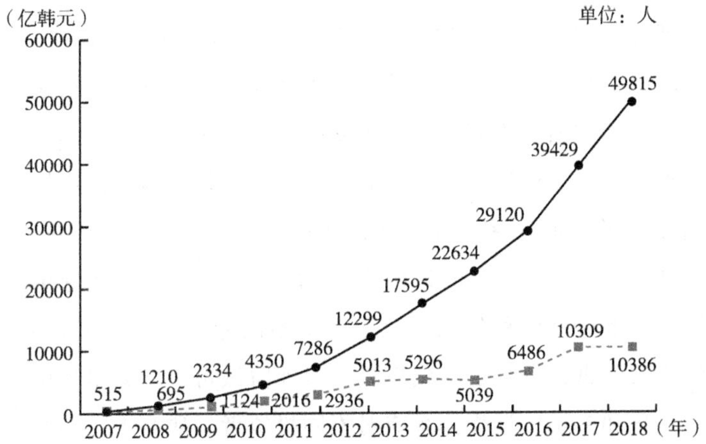

图 7－4　韩国 JTYK 借款人申请数量（2007～2018 年）

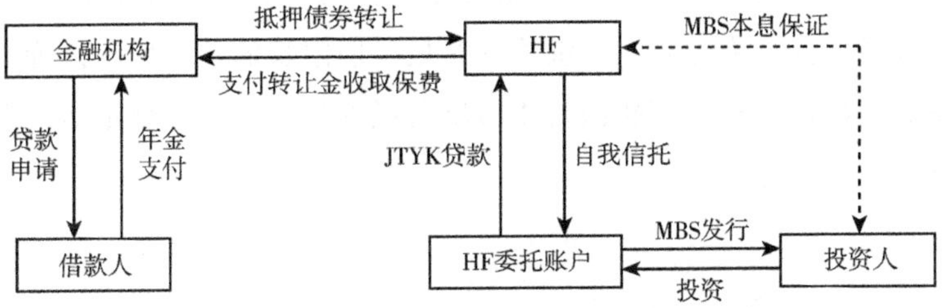

图 7－5　韩国 HF 保证的 JTYK 证券化结构

住房反向抵押贷款申请人通过金融机构进行抵押贷款，金融机构按月向借款人支付月支付金，并拥有相应的贷款债券，HF 向金融机构提供担保并收取一定保费。借款人累计到一定数量以后银行将抵押债券转让给 HF，并收取一定转让金，然后发行以信托形式为基础的流动性证券，并通过 HF 账户对该证券本息的支付保证提供信用保证。

第三节　美国、韩国的资产证券化启示

政府支持是住房反向抵押贷款制度成功的关键因素。住房反向抵押贷款作为一种养老金融创新，其制度设计带有一定福利性，用于缓解社会保障养老压

力，但是其长期流动性风险制也成为制约发展的重要“瓶颈”。[①] 美国和韩国在住房反向抵押贷款制度投入初期也面临着中国当前同样的困境，推行缓慢。美国和韩国政府对住房反向抵押贷款的介入和支持促使其发展迅速，政府在税收、法律和融资等方面提供有力的政策支持，鼓励金融机构开展相关业务、支持住房反向抵押贷款资产证券化，设立公力权威机构，承担最终担保。

在美国开发了不同房屋价值（低、中、高）对应的 HECM 计划、Home Keeper 计划和 Financial Freedom 计划[②]；在韩国，产品分为终身年金型、固定期型、信用型及混合型四种贷款模式，满足不同老年群体对资金的不同需求。对于我国住房反向抵押贷款证券化模式，目前阶段可以探索坚持市场化运作模式，创新多元化和多层次运作体系应对不同投资者异质需求。同时，政府部门在住房反向抵押市场中也应发挥重要的支持和推动作用，在实践中合成型资产证券化方案需要同时发挥政府和市场的作用。另外，积极发展证券化二级市场，通过市场化行为为老年人提供数额充足、期限长的住房反向抵押贷款。在市场环境下，金融机构应不断创新住房反向抵押贷款产品，满足不同老年人的养老需求。

第四节　我国住房反向抵押贷款证券化设计探索

一、住房反向抵押贷款证券化基本原理

基于住房反向抵押贷款基本特征，金融机构在借款人（老年人）去世前或贷款终止前其现金流始终为流出（outflow）状态，在封闭性贷款（closed - end reverse mortgage）理想状态下到期后金融机构行权获得收益，但是为保障借款人余命期的房屋使用权，到期后金融机构在长寿风险下无法行权，在没有政府机构担保下这种开放式贷款（open - end reverse mortgage）的资金流动性

---

① 刘涛，何亮，李金辉．我国商业养老保险介入养老产业链的策略研究——基于国际经验的研究视角［J］．国际经济合作，2019（03）：113 - 123.

② 董沛武，乔凯，程璐．住房反向抵押贷款保险市场博弈演化模型研究［J］．管理科学学报，2019，22（02）：52 - 62.

堪忧，同时金融机构还要面对房价波动、利率波动等风险。为规避这些风险，美国、韩国通过政府保证的形式在持续推广住房反向抵押贷款的同时将其资产证券化，资产证券化既能增强资产的流动性，又能分散风险，金融机构可通过资产证券化的方式对住房反向抵押贷款风险进行化解和防范。将住房反向抵押贷款证券化，是将金融机构持有的流动性差、但能够产生未来现金流的资产作为标的资产，由特定机构以现金方式购入，通过信用担保，以债务证券的形式出售给投资者，出售给投资者的融资过程，就是把金融机构承担的住房反向抵押贷款流动性风险分散给众多投资者。

二、住房反向抵押贷款证券化结构设计

合成型资产证券化是指在资产证券化结构中包含不少于两个风险层次的证券，是在一个一致性结构中融合了传统资产证券化与信用衍生产品属性的金融活动。[①②] 如果说传统型资产证券化是通过资产的出售或转移来转移风险，如果发生了实际销售，资产即转移到了发起机构的资产负债表以外，而合成型资产证券是一种负债表内信用对冲，即以资产池所有者身份出现的证券化发起方在无须实质性转移资产的情况下利用信用违约互换（credit default swaps）和信用关联票据（credit linked notes），将风险从发起机构转移出去。[③] 投资者的收入包含风险补偿和到期还本，合约双方在信用违约互换下买方定期支付一笔固定的费用用以交换卖方对标的资产发生信用风险时的支付，对于信用违约互换的买方而言，其功能相当于担保。

为增加金融机构参与住房反向抵押贷款的积极性，化解贷款过程中现金流偏差的风险因素，本研究对住房反向抵押贷款合成型资产证券化结构的设计如图 7－6 所示：

① 应展宇．合成型资产证券化：创新视角的一个经济分析［J］．数量经济技术经济研究，2007（9）：77－86，156．

② 郭江山，解亚，郭昱城．合成型信贷资产证券化及其应用探索［J］．银行家，2018（12）：98－101．

③ 路妍，孙方舟．《巴塞尔协议Ⅲ》下信贷资产证券化对中国商业银行风险管理的影响［J］．当代经济研究，2020（2）：105－112．

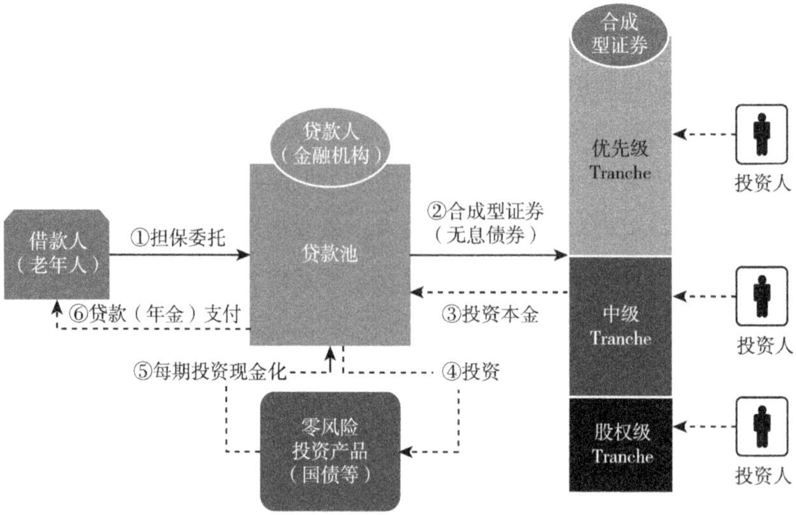

图7－6 住房反向抵押贷款合成型资产证券化结构

具体步骤：(1) 借款人以自身持有房屋产权向贷款人（金融机构）提出担保委托；(2) 住房反向抵押产品贷款人（金融机构）发起并设定一个组合贷款资产池（pool），向投资人发行具有不同等级的无息债券（Zero Coupon Bond），并对资金池现金流进行结构化操作；(3) 通过无息债券的成功发行，金融机构获得了借款人房屋抵押担保的现值；(4) 合成型债券是一种表内信用风险转移，根据风险级别划分为不同级别：优先级（Senior tranche）、中级（Mezzanine tranche）、股权级（Unsecured tranche），代表了对贷款池产生的现金流的不同级别权利，投资人可根据自身的风险属性进行选择性投资，级别不同承担的风险不同且收益率也有区别。不同级别投资人构成的资产用来投资购买国债等零风险投资产品；(5) 零风险投资利息及本金用来支付借款人养老年金。

住房反向抵押贷款合成型资产结构化建立后，如果整个交易期内没有发生信用违约事件，到期后归还无息证券投资人本金；一旦发生信用违约事件造成损失，损失将首先由股权级吸收、其次是中级、最后是优先级。住房反向抵押贷款通过这种组合式风险组合充分满足市场不同投资偏好群体来分散风险、增加其资产流动性。

第五节　住房反向抵押贷款证券化的应用建议

一、发挥政府扶持引导作用

美国、韩国在产品推广前期，缺乏政府参与，相关业务进展缓慢，在两国政府积极扶持及主动引导下，住房反向抵押贷款业务得以健康发展。目前，我国住房反向抵押市场处于起步发展阶段，政府应在构建反向抵押市场中发挥关键的支持和推动作用：一是完善住房反向抵押贷款相关立法，建立市场发展的制度基础；二是要发挥政府担保作用（如美国的 FHA、韩国的 HF）；三是要支持建立反向抵押市场的政策性机构（如韩国的 HECM、美国的 JTYK）；四是建立国家层面的住房反向抵押政策的决策机制，在优惠政策驱动下激发供需双方的积极性。

二、构建住房反向抵押贷款风险担保与化解机制

住房反向抵押贷款作为一种福利性质的金融创新，完全市场模式在我国现阶段很难规避运作过程中的各种风险，为住房反向抵押市场提供政府信用担保是启动资产证券化的关键，应积极通过政府信用担保，构建合理的风险化解机制，激发金融机构和民间资本的参与，在实践中不断创新。

三、引导老年人理性参与

在住房反向抵押贷款推广中，应充分考虑中国的实际国情。目前影响我国住房反向抵押贷款发展的影响因素很多，比如政府支持体系、金融市场、房地产市场等等，但老年人的个人需求决策行为也是决定住房反向抵押模式的关键因素之一，应积极进行住房反向抵押贷款需求决策方面的研究，倡导新型养老观念，理性引导老年人参与以房养老产品，提高产品多样性，满足不同老年人的需求。

第八章　研究总结与政策建议

第一节　研究总结

本书结合生命周期理论、跨期决策模型和行为决策理论，理论论证和模拟分析了我国老年人参与住房反向抵押贷款的需求决策行为，有效识别了遗赠动机和认知能力对我国住房反向抵押贷款有效需求的行为约束机制。并通过调查问卷和实验问卷，实证检验了遗赠动机对我国住房反向抵押贷款市场需求意愿的约束作用及其影响路径。主要研究结论如下：

第一，借鉴跨期效用决策模型，在追求生命周期内期望效用最大化原则下，推导出老年人参与住房反向抵押贷款的需求决策规则，并利用我国现阶段人口与经济数据，从老年人微观需求角度分析了其参与住房反向抵押贷款的终身期望效用变动情况，有效识别了遗赠动机和认知能力对我国住房反向抵押贷款需求决策的约束机制。研究发现：（1）权衡消费边际效用增加和遗赠边际效用损失是参与住房反向抵押贷款的主要决策规则，较高遗赠动机强度是我国住房反向抵押贷款市场有效需求不足的重要约束机制。而嵌入赎回权的住房反向抵押贷款可以实现保留部分遗产价值的选择权，一定程度上可以缓解遗赠动机对老年人需求意愿的约束影响，因而更适合遗赠动机较强的我国退休居民。（2）住房反向抵押贷款作为创新型养老金融产品，具有格式化、专业化和复杂性的特点，而我国老年居民金融认知能力不足会导致其对住房反向抵押贷款运行原理产生认知偏差，进一步限制了我国住房反向抵押贷款市场的有效需求。（3）通过主要参数的敏感性分析发现：定价利率、初始费用率、风险厌恶程度、退休金收入等决策因素，在一定程度上也会影响我国居民参与住房抵押贷款模式的需求意愿。

第二，基于行为经济理论，对利己心理和利他心理引致的遗赠动机影响机制进行构建，根据住房反向抵押贷款试点城市（北京市和上海市）老年居民的调研数据，利用 Ordered – Probit 计量模型实证分析了老年人的利己与利他遗赠动机对住房反向抵押贷款需求决策的影响。研究发现：（1）在控制老年人口特征因素的情况下，老年人参与住房反向抵押贷款模式会受到“利己遗赠动机”和“利他遗赠动机”的双重约束影响，比较而言，利他遗赠动机对住房反向抵押贷款需求意愿的边际影响要强于利己遗赠动机。（2）完善社会养老服务质量可以减弱家庭养老的依赖性，从而能够弱化利己遗赠动机对住房反向抵押贷款的需求意愿的约束影响；而房产税实施可以间接增加住房持有成本和代际转移成本，从而能够缓解利他遗赠动机对住房反向抵押贷款需求意愿的约束影响。（3）进一步根据年龄段、职业类型、性别进行分组检验发现：低龄老年人遗赠动机类型更多表现为子女提供财富支持的利他性遗赠动机倾向；保障型职业老年人未来养老金不足的风险感知较低，遗赠动机对住房反向抵押贷款需求意愿约束影响更强；男性具有更强的家族传承和代际继承的观念，利己和利他遗赠动机对住房反向抵押贷款需求意愿约束影响较强。

第二节　政策建议

住房反向抵押贷款模式是提供终身养老保障的补充方式，但现实中我国退休居民对住房反向抵押贷款参与意愿普遍偏低，我国住房反向抵押贷款市场仍然处于探索发展阶段。我国具有根深蒂固的家庭资产遗赠文化，尤其是家庭资产中的住房资产，遗赠动机是我国住房反向抵押贷款有效需求不足的重要约束机制；另外，我国老年居民受限于金融素养和信息渠道的不足，对住房反向抵押贷款的运作原理和价值功能缺少足够认知能力，加剧了我国住房反向抵押贷款的有效需求不足。因此，我国相关金融机构和政府部门，应充分认知我国居民需求意愿的关键约束因素，制定出适合中国情境的住房反向抵押贷款实施方案和最优政策。

一、金融机构角度

对于开展住房反向抵押贷款业务的金融机构来说：

（1）宣传策略：由于传统遗赠文化的约束和家庭子女养老的依赖，我国居民普遍对住房反向抵押贷款具有排斥心理。金融机构在住房反向抵押贷款的宣传推广中，可以强调或凸显住房反向抵押贷款的“赎回选择权、消费平滑以及房价波动收益等功能”，增强其对住房反向抵押贷款的遗产保护功能的客观判断，从而缓解遗赠动机对住房反向抵押贷款需求意愿的约束影响。

（2）产品设计：在进行住房反向抵押贷款产品设计时，应该充分考虑到我国老年居民金融素养不足的现实情况，利用通俗易懂的产品案例说明，清晰地展示住房反向抵押贷款的基本特征和运行原理，从而缓解遗赠动机对住房反向抵押贷款需求意愿的约束影响。老年人的日常退休金收入越高，其养老储备、社会保险等养老保障来源相对稳定，未来养老金不足的风险感知相对较低，则其参与住房反向抵押贷款的终身期望效用就会越低。这也充分说明了目前主要推广对象主要适合“退休金不足、养老储备缺乏和社会保障不稳定”的老年群体。然而，随着我国积极老龄化国家战略的逐步推进，老年居民为实现“美好生活目标”的需求，有关健康、生活、护理等方面的消费支出会逐渐增加，因此住房反向抵押贷款的推广群体可以逐渐增加。

（3）信息披露：为了增强住房反向抵押贷款价值信息的透明度，改善居民对住房反向抵押贷款市场的风险感知，金融保险机构应该建立健全房产抵押、收益信息的发布和披露机制，从而提高我国老年居民对住房反向抵押贷款市场的信任度。在当前中国情境下，为有效推广住房反向抵押贷款运营模式，增加老年人的参与积极性，住房反向抵押贷款实施初期，金融机构可以采取较低的初始费用率。

二、政府部门角度

对于政府部门的推广政策来说：

（1）信任机制：国际经验表明，政府在住房反向抵押贷款市场化过程中发挥了重大作用，我国相关政府部门应在住房反向抵押贷款模式推广过程中，提供积极的政策支持和有效的监管措施，增加住房反向抵押贷款的社会认可度。老年人获取有关信息渠道有限，且对于金融保险市场缺少足够信任，而政府部门可以通过构建专业咨询平台加强我国居民的社会互动能力，改善居民对住房反向抵押贷款市场的风险感知，从而提升老年人参与住房反向抵押贷款的积极性。

（2）普惠金融：住房反向抵押贷款作为创新型养老金融产品，具有格式化、专业化和复杂性的特征，老年居民需要具备一定基础金融知识，才能有效认知其运行原理和潜在功能。政府部门应该不断完善公共金融知识获取渠道，加强居民金融教育意识，有利于提升老年居民对住房反向抵押贷款的认知判断。社区居家养老逐渐成为传统家庭养老的替代模式，能够显著削弱遗赠动机对社会资源优化配置的约束影响。因此，政府部门应不断完善社区养老服务质量及专业化服务水平，持续提升社区支持养老的服务满意度，可以有效减弱遗赠动机对住房反向抵押贷款的约束影响。

（3）税收政策：对于推出住房反向抵押贷款产品的金融机构，政府可以给予政策补贴或者减税政策，有利于住房反向抵押贷款模式发展。另外，尽管遗产税在中国实施的难度较大，但是房产税实施推广对调节住房财富分配具有一定替代功能，政府部门应推进房地产税相关立法及推广进度，可以一定程度上弱化居民的住房遗赠动机（增加了住房持有成本和代际转移成本），从而减弱遗赠动机对住房反向抵押贷款需求意愿的约束影响。

第三节 未来研究展望

住房反向抵押贷款作为创新型养老金融产品，在我国仍然处于探索发展阶段。因此，在我国运行实践中仍然存在许多问题值得深入探讨研究。鉴于研究者的能力水平以及研究条件方面的客观限制，虽然竭尽自己最大的努力，但本研究并不能囊括所有研究问题，我国住房反向抵押贷款相关研究仍然存在进一步拓展空间。在此，根据本研究的不足和局限性，从以下几个方面提出了未来研究展望，以期能为感兴趣的读者提供后续研究的借鉴和启示。

第一，本研究主要是从退休居民的微观需求行为视角，深入分析我国住房反向抵押贷款的有效需求约束机制。然而，由于住房反向抵押贷款运营周期较长，市场利率、住房价格、寿命预期等因素的波动也会给金融机构的风险管理带来了巨大挑战，因此，金融机构推出该养老金融产品的积极性也会受到影响，从而导致我国住房反向抵押贷款市场出现“供需双冷”局面①②，那么，未来的研究可以考虑利用博弈论研究方法，深入探究在我国住房反向抵押贷款实施过程中，金融机构和退休居民之间的供需双方博弈的决策过程。当然，也可以进一步引入政府部门作为第三方监管主体，综合探究在我国住房反向抵押贷款实施过程中，政府、金融机构和退休居民之间的三方博弈的决策过程。

第二，本研究利用跨期效用模型构建了老年人参与住房反向抵押贷款需求决策模型，主要是基于理性人假说，以退休居民剩余生命期内期望效用最大化作为个人决策原则，但是，没有充分考虑个人在经济决策中的非理性行为（例如，损失厌恶、决策概率扭曲、损益参照点不同）。而累计前景理论可以很好地解释个人经济决策的非理性行为。③ 因此，后续研究可以根据累积前景理论，对老年人参加住房反向抵押贷款的收益、损失和决策概率进行调整，从而适应个人行为决策的心理认知，进一步拓展分析我国住房反向抵押贷款需求决策的非理性行为。

第三，本研究主要基于遗赠动机行为决策视角，建模和实证分析了我国住房反向抵押贷款有效需求的约束机制。然而，退休居民参与住房反向抵押贷款的需求决策过程是复杂多变的，本研究并没有充分考虑到所有行为决策变量。后续研究可以逐步引入风险感知、寿命预期、市场信任度、养老金预期等居民行为决策因素，进一步识别和验证我国住房反向抵押贷款有效需求的关键影响因素。

---

① 董沛武，乔凯，程璐．住房反向抵押贷款保险市场博弈演化模型研究［J］．管理科学学报，2019，22（2）：52－62．

② 韩文琰，易艳红．中国“以房养老”：梳理、审视与重构［J］．价格理论与实践，2019（10）：56－58，70＋167．

③ Kaluszka M，Krzeszowiec M. On iterative premium calculation principles under Cumulative Prospect Theory［J］．Insurance Mathematics & Economics，2013，52（3）：435－440．

第四，鉴于研究者的能力水平以及研究条件方面的客观限制，本研究的实证研究部分，选择了部分代表性城市的老年居民，进行了问卷调查和数据采集，并未从全国范围内进行估计和验证，也没有考虑我国地区间差异对研究结论的影响，因此，后续研究可以继续扩大调研区域和研究范围，进一步积累住房反向抵押贷款模式运行的中国经验。

参考文献

[1] Alms I, Freddi E, Thgersen Y. Saving and Bequest in China: An Analysis of Intergenerational Exchange [J]. *Economica*, 2020. 87 (345): 249 -281.

[2] Alonsocarrera J, Caballé J, Raurich X. Aspirations, Habit Formation, and Bequest Motive [J]. *Economic Journal*, 2010, 117 (520): 813 -836.

[3] Barro R J. Are Government Bonds Net Wealth? [J]. *Journal of Political Economy*, 1974, 82.

[4] Bayraktar E, Promislow S D, Young V R. Purchasing life insurance to reach a bequest goal [J]. *Insurance: Mathematics and Economics*, 2014, 58 (9): 204 -216.

[5] Becker, G S. A Theory of Social Interactions [J]. *Journal of Political Economy*, 1974, 82 (6): 1063 -1093.

[6] Bellettini G, Taddei F, Zanella G. Bequest taxes, donations, and house prices [J]. *B. e. journal of Macroeconomics*, 2013, 13 (1): 355 -379.

[7] Bellettini G, Taddei F, Zanella G. Intergenerational altruism and house prices: evidence from bequest tax reforms in Italy [J]. *European Economic Review*, 2017, 92 (2): 1 -12.

[8] Bernheim B D. A Shleifer and LH Summers [J]. *The strategic bequest motive. Journal of Political Economy*, 1985, 93 (6): 1045 -1076.

[9] Blinder A S. Distribution and the Aggregate Consumption Function [J]. *Journal of Political Philip Economy*, 1975, 83 (3).

[10] Calcagno R, Fornero E, Rossi M C. The Effect of House Prices on Household Consumption in Italy [J]. *Journal of Real Estate Finance & Economics*, 2009, 39 (3): 284 -300.

[11] Camacho C, Harmankaya F, Salam A. Social status pursuit, distribution of bequests and inequality [J]. *Economic Modelling*, 2020, 86: 183 -191.

[12] Chai J, Horneff W, Maurer R, et al. Optimal Portfolio Choice over the Life Cycle with Flexible Work, Endogenous Retirement, and Lifetime Payouts [J]. *Review of Finance*, 2011, 15 (4): 875 -907.

[13] Chiang S L, Tsai M S. Analyzing an elder's desire for a reverse mortgage using an economic model that considers house bequest motivation, random death time and stochastic house price [J]. *International Review of Economics & Finance*, 2016, 42: 202 -219.

[14] Chinloy P, Megbolugbe I F. Reverse Mortgages: Contracting and Crossover Risk [J]. *Real Estate Economics*, 1994, 22 (2): 367 -386.

[15] Choi S, Kim S, Shim G. Effect of lifetime uncertainty on consumption/investment with luxury bequest motives [J]. *Finance Research Letters*, 2016, 17: 275 -279.

[16] Costa - Font J, Elvira D, Mascarilla - Miro O. 'Ageing in Place'? Exploring Elderly People's Housing Preferences in Spain [J]. *Urban Studies*, 2009, 46 (1): 295 -316.

[17] Davidoff T, Gerhard P, Post T. Reverse Mortgages: What Homeowners (Don't) Know and How it Matters [J]. *Journal of Economic Behavior & Organization*, 2017, 133 (1): 151 -171.

[18] Davies J B. Uncertain Lifetime, Consumption, and Dissaving in Retirement [J]. *Journal of Political Economy*. 1981, 89: 561 -577.

[19] Dillingh R, Prast H, Rossi M, et al. Who wants to have their home and eat it too? Interest in reverse mortgages in the Netherlands [J]. *Journal of Housing Economics*, 2017, 38 (1): 25 -37.

[20] Fischer M, Stamos M Z. Optimal Life Cycle Portfolio Choice with Housing Market Cycles [J]. *Review of Financial Studies*, 2013, 26 (9): 2311 -2352.

[21] Flavin M, Yamashita T. Owner - Occupied Housing: Life - Cycle Implications for the Household Portfolio [J]. *American Economic Review*, 2011, 101

(3): 609 - 614.

[22] Hamaaki J, Hori M, Murata K. The intra - family division of bequests and bequest motives: empirical evidence from a survey on Japanese households [J]. *Journal of Population Economics*, 2019, 32 (1): 309 - 346.

[23] Han W, Jiang Y. Economic validity analysis of housing reverse mortgages in China: The perspective of the financial decisions of the elderly [J]. *China Finance Review International*, 2019, 9 (4): 498 - 520.

[24] Han W, Wang P, Xu H, et al. Evaluation of the Reverse Mortgage Option in Hong Kong [J]. *Asian Economic Journal*, 2017, 31 (2): 187 - 210.

[25] Haurin D, Ma C, Moulton S, et al. Spatial Variation in Reverse Mortgages Usage: House Price Dynamics and Consumer Selection [J]. *Journal of Real Estate Finance & Economics*, 2016, 53 (3): 392 - 417.

[26] Haurin D, Mcgreal S, Adair A, et al. List price and sales prices of residential properties during booms and busts [J]. *Journal of Housing Economics*, 2013, 22 (1): 1 - 10.

[27] Heo Y C, An S, Hong B E. Reverse Mortgage as an Income Stabilizer for the Elderly in Korea [J]. *Asian Social Work and Policy Review*, 2016, 10 (1): 103 - 112.

[28] Horioka C Y. Are the Japanese Unique? Evidence from Household Saving and Bequest Behavior [J]. *AGI Working Paper Series*, 2016.

[29] Hurd M D, Smith J P. Expected Bequests and Their Distribution [J]. *Working Papers*, 2002.

[30] Ingersoll J E. Theory of financial decision making [M]. *Rowman & Littlefield*, 1987.

[31] Jaime A, Jordi C, Xavier R. Aspirations, Habit Formation, and Bequest Motive [J]. *The Economic Journal*, 2007, 117: 813 - 836.

[32] Kaluszka M, Krzeszowiec M. On iterative premium calculation principles under Cumulative Prospect Theory [J]. *Insurance Mathematics & Economics*, 2013, 52 (3): 435 - 440.

[33] Kim J, Li J. Risk - neutral valuation of the non - recourse protection in

reverse mortgages: A case study for Korea [J]. *Emerging Markets Review*, 2016, 30 (3): 133 - 154.

[34] Kopczuk W, Lupton J. To Leave or Not to Leave: The Distribution of Bequest Motives [J]. *Review of Economic Studies*, 2007, 74 (1): 207 - 235.

[35] Laitner J, Ohlsson H. Bequest motives: a comparison of Sweden and the United States [J]. *Journal of Public Economics*, 2001, 79 (1): 205 - 236.

[36] Lee Y T, Wang C W, Huang H C. On the valuation of reverse mortgages with regular tenure payments [J]. *Insurance Mathematics & Economics*, 2012, 51 (2): 430 - 441.

[37] Lim B H, Kwak M. Bequest motive and incentive to retire: Consumption, investment, retirement, and life insurance strategies [J]. *Finance Research Letters*, 2016, 16 (2): 19 - 27.

[38] Lockwood L M. Bequest Motives and the Annuity Puzzle [J]. *Review of Economic Dynamics*, 2012, 15 (2): 226 - 243.

[39] Ma S, Deng Y. Insurance Premium Structure of Reverse Mortgage Loans in Korea [J]. *Working Paper*, 2006.

[40] Mitchell O S, Piggott J, Bhuyan V. Unlocking Housing Equity in Japan [J]. *Journal of the Japanese & International Economies*, 2004, 18 (4): 466 - 505.

[41] Moulton S, Haurin D R, Shi W. An analysis of default risk in the Home Equity Conversion Mortgage (HECM) program [J]. *Journal of Urban Economics*, 2015, 90: 17 - 34.

[42] Mulder C H, Smits A. Inter - generational ties, financial transfers and home - ownership support [J]. *Journal of Housing and the Built Environment*, 2013, 28 (1): 95 - 112.

[43] Nakajima M, Telyukova I A. Reverse Mortgage Loans: A Quantitative Analysis [J]. *Journal of Finance*, 2017, 72 (2): 911 - 950.

[44] Niimi Y, Horioka C Y. The wealth decumulation behavior of the retired elderly in Japan: The relative importance of precautionary saving and bequest motives [J]. *Journal of the Japanese and International Economies*, 2019, 51 (3):

52 - 63.

[45] Oster, E. Unobservable Selection and Coefficient Stability: Theory and Evidence [J]. *Journal of Business & Economic Statistics*, 2019, 37 (2): 187 - 204.

[46] Pahuja A. Reverse Mortgage: An Empirical Study in Indian Perspective [J]. *Social Science Electronic Publishing*, 2016.

[47] Pu M, Fan G Z, Deng Y. Breakeven Determination of Loan Limits for Reverse Mortgages under Information Asymmetry [J]. *Journal of Real Estate Finance & Economics*, 2014, 48 (3): 492 - 521.

[48] Shan H. Reversing the Trend: The Recent Expansion of the Reverse Mortgage Market [J]. *Real Estate Economics*, 2011, 39 (4): 743 - 768.

[49] Shao A W, Hanewald K, Sherris M. Reverse mortgage pricing and risk analysis allowing for idiosyncratic house price risk and longevity risk [J]. *Insurance Mathematics & Economics*, 2015, 63: 76 - 90.

[50] Suari - Andreu E, Alessie A, Angelini V. The retirement - savings puzzle reviewed: The role of housing and bequests [J]. *Journal of Economic Surveys*, 2019, 33 (1): 195 - 225.

[51] Swarn C. Reverse Mortgage Participation in the United States: Evidence from a National Study [J]. *International Journal of Financial Studies*, 2016, 4 (1): 1 - 10.

[52] Tsay J T, Lin C C, Prather L J, et al. An approximation approach for valuing reverse mortgages [J]. *Journal of Housing Economics*, 2014, 25: 39 - 52.

[53] Wang L, Valdez E A, Piggott J. Securitization of Longevity Risk in Reverse Mortgages [J]. *North American Actuarial Journal*, 2008, 12 (4): 345 - 371.

[54] Yang S S. Securitisation and Tranching Longevity and House Price Risk for Reverse Mortgage Products [J]. *Geneva Papers on Risk & Insurance Issues & Practice*, 2011, 36 (4): 648 - 674.

[55] Yang X, Gan L. Bequest motive, household portfolio choice, and wealth

inequality in urban China [J]. *China Economic Review*, 2020, 60 (4): 101399.

[56] 巴曙松，田磊．房价波动、货币政策与经济周期波动：一个 DSGE 分析框架 [J]. 当代财经，2015 (8): 3 - 16.

[57] 班晓娜，李东阳．美国住房反向抵押贷款养老模式及其启示 [J]. 北京航空航天大学学报（社会科学版），2015，28 (1): 17 - 23.

[58] 曹强，张宇，虞文美．“以房养老”模式的影响因素研究——基于我国20个城市经济指标分析 [J]. 北京邮电大学学报（社会科学版），2014，16 (6): 71 - 80.

[59] 柴效武，王卉卉．反向抵押贷款产品定价因素影响与实证分析 [J]. 学习与实践，2010 (10): 38 - 46.

[60] 柴效武．反向抵押贷款风险与防范 [M]. 杭州：浙江大学出版社，2008.

[61] 柴效武．基于年金支付的反向抵押贷款产品定价 [J]. 徐州工程学院学报（社会科学版），2013，28 (2): 31 - 38.

[62] 陈秉正，秦鹏，邓颖璐．具有赎回选择权的住房反向抵押贷款定价 [J]. 投资研究，2014 (5): 97 - 109.

[63] 陈秉正，高名，刘晓菲．住房反向抵押养老保险需求分析 [J]. 保险研究，2015 (05): 121 - 128.

[64] 陈健，黄少安．遗产动机与财富效应的权衡：以房养老可行吗? [J]. 经济研究，2013 (9): 56 - 70.

[65] 陈力朋，郑玉洁，徐建斌．消费税凸显性对居民消费行为的影响——基于情景模拟的一项实证研究 [J]. 财贸经济，2016 (7): 34 - 49.

[66] 陈谦谦，郝勇．社区养老服务对老年人心理健康改善的影响研究 [J]. 西北人口，2020，41 (3): 79 - 91.

[67] 陈莹，孔祥钊，赵桂芹．遗赠动机与多层次养老保险参与：抑制还是促进? [J]. 保险研究，2023 (3): 70 - 86

[68] 陈友华，施旖旎．最后一根救命稻草：以房养老的美国经验与在中国的实践 [J]. 国际经济评论，2016 (6): 10 + 148，159.

[69] 崔树义，杨素雯，田杨．供需视角下社区居家养老服务提质增效研究——基于山东省 1200 名老年人的调查 [J]. 山东社会科学，2020 (9):

127－133.

[70] 单戈，王晓军．养老资产年金化谜题：风险决策下的年金化价值比较 [J]. 统计与信息论坛，2018，33 (6)：78－87.

[71] 董沛武，乔凯，程璐．住房反向抵押贷款保险市场博弈演化模型研究 [J]. 管理科学学报，2019，22 (2)：52－62.

[72] 杜鹏，孙鹃娟，张文娟，王雪辉．中国老年人的养老需求及家庭和社会养老资源现状——基于2014年中国老年社会追踪调查的分析 [J]. 人口研究，2016，40 (6)：49－61.

[73] 范李瑛．论我国推行住房反向抵押贷款的法律制度保障 [J]. 中州学刊，2016 (10)：54－58.

[74] 方永恒，叶芬．关于以房养老模式风险评价研究——基于可拓理论对西安市以房养老模式的分析 [J]. 价格理论与实践，2017 (9)：156－159.

[75] 冯钰宸．"以房养老"能改善福利吗？——基于生命周期框架的居民跨期决策模型 [J]. 金融与经济，2017 (9)：38－45.

[76] 高凤勤，徐震寰．购房款代际赠与动机与子女购房行为——基于初次就业人群的微观调查 [J]. 公共财政研究，2019 (3)：4－16.

[77] 龚志文，李丹．从模式到服务：城市社区养老认知的重构——超越养老模式，从养老服务的角度深化养老服务体系 [J]. 河南社会科学，2020，28 (11)：115－124.

[78] 郭江山，解亚，郭昱城．合成型信贷资产证券化及其应用探索 [J]. 银行家，2018 (12)：98－101.

[79] 郭娜，梁琪．我国房地产市场周期与金融稳定——基于随机游走滤波的分析 [J]. 南开经济研究，2011 (4)：98－107.

[80] 韩文琰，易艳红．中国"以房养老"：梳理、审视与重构 [J]. 价格理论与实践，2019 (10)：56－58，70＋167.

[81] 侯冰．老年人社区居家养老服务需求层次及其满足策略研究 [J]. 社会保障评论，2019，3 (3)：147－159.

[82] 侯蕾，杨欣桐，李奇．中国城镇家庭的遗产动机：基于微观家庭金融数据的估计 [J]. 世界经济，2021，44 (5)：79－104.

[83] 侯玲．制度保障下住房反向抵押贷款运作机制研究 [J]. 经济论

坛，2016（2）：53－57.

［84］胡德宝．中国城镇居民的消费行为及储蓄动机研究［J］．中国软科学，2012（10）：1－8.

［85］黄民安，陈秉正．生命周期框架下我国发展住房反向抵押市场的福利分析［J］．投资研究，2013（10）：31－41.

［86］贾俊雪，郭庆旺，宁静．传统文化信念、社会保障与经济增长［J］．世界经济，2011，34（08）：3－18.

［87］金晓彤，崔宏静．亚洲国家“以房养老”模式的经验与借鉴——以日本和新加坡反向住房抵押贷款为例［J］．亚太经济，2014（1）：11－15.

［88］景珮，李秀芳．基于连续时间金融理论人寿保险需求问题探究［J］．南开经济研究，2013（1）：91－103.

［89］况伟大，王湘君，葛玉好．老龄化、遗产动机与房价［J］．中国软科学，2018（12）：44－55.

［90］李兵，姚远，杜鹏等．遗产动机经济学：理论、经验分析及政策意义［J］．市场与人口分析，2005（S1）：33－38.

［91］李奕丰．中国家庭代际支持的动机研究［D］．四川省社会科学院，2020.

［92］刘畅，冀云阳．我国开征遗产税的收入分配效应［J］．财经问题研究，2016（03）：57－63.

［93］刘大唯，左晴．广州市推行“以房养老”的可行性分析——兼论养老保险风险释散的对策［J］．社会保障研究，2011（5）：92－100.

［94］刘华，王姣，陈力朋．住房财富效应、遗赠动机与老年人劳动参与［J］．劳动经济研究，2020，8（3）：32－55.

［95］刘涛，何亮，李金辉．我国商业养老保险介入养老产业链的策略研究——基于国际经验的研究视角［J］．国际经济合作，2019（3）：113－123.

［96］刘友金，曾小明．房产税对产业转移的影响：来自重庆和上海的经验证据［J］．中国工业经济，2018（11）：98－116.

［97］路静，高鹏，董纪昌．基于保险精算的住房反向抵押贷款定价研究［J］．管理评论，2010，22（4）：3－8.

［98］路妍，孙方舟．《巴塞尔协议Ⅲ》下信贷资产证券化对中国商业银

行风险管理的影响 [J]. 当代经济研究, 2020 (2): 105-112.

[99] 吕守军, 代政, 孙健. 社会养老、代际支持与土地流转——基于 CHARLS 数据的实证分析 [J]. 经济经纬, 2019, 36 (6): 25-31.

[100] 马俊海. 住房养老反向抵押贷款的美式期权特征与蒙特卡罗模拟定价 [J]. 金融经济学研究, 2014 (5): 57-69.

[101] 马双, 赵文博. 方言多样性与流动人口收入——基于 CHFS 的实证研究 [J]. 经济学 (季刊), 2019, 18 (1): 393-414.

[102] 瞿小敏. "以房养老" 可行性分析: 基于老年人的需求及意愿 [J]. 人口与社会, 2017, 33 (3): 64-71.

[103] 沈红波, 王叙果, 路一刘. 住房反向抵押贷款的定价模型与风险研究 [J]. 财贸经济, 2013, 34 (6): 53-61.

[104] 石振武, 袁甜甜. 以房养老需求意愿及影响因素研究——基于有序 Logistic 模型 [J]. 调研世界, 2016 (7): 47-52.

[105] 田青, 董晓宇. 我国城镇家庭资产对其消费行为影响的经验研究 [J]. 财经问题研究, 2017 (5): 115-122.

[106] 汪险生, 李宁. 村庄民主与产权安全: 来自农地确权的证据 [J]. 农业经济问题, 2019 (12): 60-76.

[107] 王伟, 高雅. 住房反向抵押贷款养老模式的国际经验与启示 [J]. 金融与经济, 2016 (2): 60-63, 32.

[108] 王振振, 何邦倩, 雍岚. 我国居家养老社区服务均等化分析框架与实证探索——基于北京、南京、咸阳三市的调查 [J]. 科学决策, 2020 (7): 49-69.

[109] 温海红, 王怡欢. 基于个体差异的 "互联网+" 居家社区养老服务需求分析 [J]. 社会保障研究, 2019 (2): 40-48.

[110] 吴卫星, 李雅君. 家庭结构和金融资产配置——基于微观调查数据的实证研究 [J]. 华中科技大学学报 (社会科学版), 2016, 30 (2): 57-66.

[111] 项有义, 漆亮亮. 基于遗赠动机视角的遗产税经济分析 [J]. 税务研究, 2011 (3): 54-56.

[112] 熊景维, 钟涨宝, 李奥奇. 保障替代、代际契约与信息引致: "以

房养老”参与意愿的影响因素——基于武汉市老年人调查数据的实证分析［J］. 人口研究，2017（1）：48－60.

［113］许哲. 遗产动机对中国老年家庭消费的影响［D］. 曲阜师范大学，2022.

［114］闫小红. 社会资本理论视角下家庭养老替代模式选择及路径构建——以济南市D社区综合养老服务中心个案研究为例［J］. 广西社会科学，2020（4）：73－78.

［115］应展宇. 合成型资产证券化：创新视角的一个经济分析［J］. 数量经济技术经济研究，2007（9）：77－86，156.

［116］张诚，唐成. 遗产动机对中国老年家庭储蓄率的影响［J］. 人口与经济，2021（2）：57－70.

［117］张建伟，韩青. 发展住房反向抵押养老保险的宏观策略分析［J］. 城市发展研究，2014，21（6）：73－79.

［118］张宁，王燕平，孙晨，宁晓芙. 以房养老的房产税和遗产税影响研究［J］. 宏观经济研究，2020（2）：75－83.

［119］张琪，栾海英，张栋. 北京市老年人“以房养老”意愿及影响因素分析［J］. 调研世界，2015（11）：19－23.

［120］张茜，任燕燕. 动态住房反向抵押贷款定价模型的构建与实证分析［J］. 云南社会科学，2013（2）：19－23.

［121］张茜. 反向抵押贷款借款人长寿风险对定价的影响［J］. 云南财经大学学报，2016（5）：136－144.

［122］张松波，唐宇明，钱杨. 老年居民对其子女住房贷款的代际支持行为研究［J］. 财经科学，2021（5）：28－38.

［123］张熠，卞世博. 遗产税、民生财政与中国经济结构转型［J］. 财经研究，2015，41（1）：4－20.

［124］章萍. “以房养老”产品市场培育的有效路径研究［J］. 经济体制改革，2014（6）：126－129.

［125］赵向琴. 预期寿命延长、遗赠动机和风险资产配置［J］. 厦门大学学报（哲学社会科学版），2015（4）：121－133.

［126］郑秉文，董克用，赵耀辉等. 养老金改革的前景、挑战与对策

[J]. 国际经济评论, 2021 (4): 9-31, 4.

[127] 郑秉文. 第三支柱商业养老保险顶层设计: 税收的作用及其深远意义 [J]. 中国人民大学学报, 2016, V30 (1): 2-11.

[128] 钟晓慧. "再家庭化": 中国城市家庭购房中的代际合作与冲突 [J]. 公共行政评论, 2015, 8 (1): 117-140+201.

[129] 周超. 我国住房反向抵押贷款影响因素分析及定价研究 [J]. 价格理论与实践, 2012 (2): 75-76.

[130] 周海珍, 彭晓鹏, 陈秉正. 具有住房反向抵押选择权的长期护理保险定价研究 [J]. 财经论丛, 2016 (9): 46-52.

[131] 周建军, 任娟娟, 鞠方. 房产税能否抑制实体经济"脱实向虚"——来自上海和重庆的经验分析 [J]. 财经科学, 2021 (2): 84-94.

[132] 周延, 吕慧娴, 汪伟. 基于 B-K 模型的住房反向抵押贷款定价研究 [J]. 上海经济研究, 2015 (11): 63-71.

[133] 祝仲坤. 过度劳动对农民工社会参与的"挤出效应"研究——来自中国流动人口动态监测调查的经验证据 [J]. 中国农村观察, 2020 (5): 108-130.

附录：调查问卷

亲爱的朋友：

您好！

为了解您的养老需求状况，以便更好地为您提供养老服务，我们项目组特地开展了本次调查活动，请就您的个人情况和感受如实填答，此问卷不记姓名，请不必有任何顾虑（调查所涉及的个人信息，我们将严格保密）。

本次调查严格按照《统计法》的要求进行，所有回答只用于统计分析，各种答案没有正确、错误之分。调查结果仅用于科学研究，不涉及任何商业活动，目的是完善和优化我国养老模式体系，给您的未来养老生活提供更多关心和帮助。

问卷完成之后，课题组将向您赠送礼品。

衷心感谢您的支持、参与和合作！

祝您生活愉快，身体健康！

填写说明（本问卷为填答式问卷，问卷由被调查者负责填写，若情况特殊，则由调查员逐一询问，代为填写）：

1. 请按照调查问卷的提问和填答要求逐一填答，以免漏答。

2. 请在符合自己情况的选项框上“√”，或者在________处填上适当的内容。

一、个人基本情况

Q1：您的性别：

□. 男　　　　　　□. 女

Q2：您的年龄：__________

Q3：您的婚姻状况：

□. 已婚、有配偶　　□. 已婚、离异　　□. 已婚、丧偶

□. 未婚

Q4：您的户籍：

□. 城镇居民　　□. 城郊农民　　□. 其他省市

Q5：您的受教育程度：

□. 小学以及以下　　□. 初中　　□. 高中（中专）

□. 大学　　□. 研究生

Q6：您的子女数量：

□. 无子女　　□. 1 个　　□. 2 个

□. 3 个　　□. 4 个　　□. 5 个

□. 6 个及以上

Q7：您的职业情况：

□. 机关事业单位　　□. 国企职工　　□. 私企员工

□. 个体自雇　　□. 自由职业者

Q8：您是否有自己的住房：

□. 没有　　□. 有 1 套　　□. 有 2 套

□. 有 3 套　　□. 有 4 套　　□. 有 5 套及以上

Q9：您是否参加了养老保险：

□. 是　　□. 否

Q10：您现在的月收入情况：

□. 2000 元及以下　　□. 2001～4000 元　　□. 4001～6000 元

□. 6001～8000 元　　□. 8001～10000 元　　□. 10000 元以上

Q11：您目前的居住方式是：

□. 在家独居　　□. 与配偶一起居住　　□. 与子女一起同住

□. 住养老院　　□. 其他

二、关于您的养老生活状况、养老需求及养老意愿

Q12：您目前的健康状况如何？

□. 非常差，完全需要别人照顾

□. 比较差，需要被人照顾

□. 一般，有时需要别人照顾

□. 较好，几乎不需要别人照顾

□. 非常好，不需要照顾，还可以照顾别人

Q13：您目前积累养老金的方式是什么？（可多选）

□. 储蓄　　□. 退休工资（或养老金）

□. 子女提供生活费　　□. 政府或社会资助

□. 商业保险　　□. 其他

Q14：您希望您的日常生活可以获得哪些养老服务呢？（可多选）

□. 生活照料　　□. 医疗服务　　□. 紧急救助

□. 家政服务　　□. 感情倾诉　　□. 其他

Q15："社区养老"是一种在政府的倡导下，以社区组织为依托，利用社区内的资源，而向居住区内居民提供的、以满足居民多方面需求的服务，其最大的特点是老人居家也能享受到多方面的养老服务。您是否满意所在社区的生活照料、医疗保健、精神慰藉、文化娱乐等主要服务？

□. 非常不满意　　□. 不太满意　　□. 不确定

□. 较为满意　　□. 非常满意

Q16：您认为"当今社会环境下，子女是否有必要对父母进行生活照顾、日常访问和经济支持？

□. 完全没必要（父母完全可以依靠自己进行养老生活）

□. 不太必要（父母基本能够依靠自己进行养老生活）

□. 不确定（要根据父母和子女的各自生活状况来确定）

□. 较为必要（子女应该对父母进行适当的生活照顾、日常访问和经济支持）

□. 非常必要（子女必须对父母进行全方位的生活照顾、日常访问和经济支持）

Q17：假设您现在拥有100万元的财富，而且已经住在专业养老服务机构。在日后生活中，您期望消费多少财富（假设剩余财富将作为遗产留给您的子女或后代）？请在以下五个选项做出选择：

□. 我愿意消费全部100万元的财富，不会给子女或后代留下任何遗产；

□. 我愿意消费大约 75 万元的财富，会把剩余 25 万元的财富作为遗产留给子女或后代；

□. 我愿意消费大约 50 万元的财富，会把剩余 50 万元的财富作为遗产留给子女或后代；

□. 我愿意消费大约 25 万元的财富，会把剩余 75 万元的财富作为遗产留给子女或后代；

□. 我不愿意消费任何财富，会把全部 100 万元的财富作为遗产留给子女或后代。

三、关于您对我国养老模式的了解

Q18：您对我国目前的养老保障政策是否满意？

□. 非常满意　□. 比较满意　□. 不确定

□. 不太满意　□. 非常不满意

Q19：您觉得我国当前存在的养老问题有哪些？（可多选）

□. 子女不尽责

□. 医疗费用高

□. 老人精神生活匮乏

□. 政府、社会关注不够

□. 独生子女任务重

□. 老人养老资金不足

□. 社会保障制度不够完善

□. 孤寡老人、留守老人的养老问题

□. 其他

Q20：您现在比较了解的养老模式有？（可多选）

□. 家庭养老　□. 机构养老　□. 社区居家养老

□. 乡村养老　□. 以房养老　□. 其他

四、关于您对“住房反向抵押贷款”的需求意愿

住房反向抵押贷款（我国目前推行的是住房反向抵押养老保险形式）是一种将住房抵押与终身养老年金保险相结合的创新型商业养老保险：即拥有房

屋完全合法产权的老年人，将其房产抵押给保险公司（抵押权人），之后继续拥有房屋占有、使用、收益和经抵押权人同意的处置权，并按照约定条件领取养老金直至身故。老年人身故后，保险公司有权依法行使抵押权，抵押房产处置所得将优先用于偿付养老保险相关费用。

我国住房反向抵押贷款申请条款

序号	条款	具体内容
1	投保人和被保险人	投保人和被保险人为同一人，投保人年龄在 60 ~ 85 岁（含），夫妻二人可以共同投保
2	申请条件	投保人至少拥有一套完全合法产权的房产
3	保险期间	终身
4	养老保险金给付形式	月付或者年付
5	被保险人对抵押房屋享有的权利	占有、使用、收益和经抵押权人同意的处置权
6	房屋处置	被保险人身故后，其继承人可以选择偿付投保人应承担的养老保险相关费用，以赎回保险公司对抵押房屋的权益。否则，保险公司有权选择并委托第三方房产代理机构以适当的价格出售（变卖）合同项下抵押房屋，以偿付投保人应承担的养老保险相关费用
7	我国目前销售机构	中国人民人寿保险股份有限公司、幸福人寿保险股份有限公司

Q21：如果政府推出“住房反向抵押贷款”可供选择，您会愿意参加这种养老模式吗？

□. 对我完全没有吸引力

□. 对我不是很有吸引力

□. 不太确定，持观望态度

□. 对我有一定的吸引力，可以尝试

□. 对我非常有吸引力，非常愿意参加

Q22：（若 Q21 选择可以尝试、非常愿意参加，此题跳过）您不愿意参加的原因？（可多选）

□. 有足够的养老能力

□. 没有可供抵押的房产

□. 房产想要留给子女

□. 悖于传统观念，担心会淡化亲情

□. 除特殊情况或者不得不抵押房产外，不会做此选择

□. 其他

Q23：（若 Q21 选择完全没有吸引力、不是很有吸引力和持观望态度，此题跳过）您愿意参加的原因？（可多选）

□. 自己有房产，所以有条件参与

□. 政府主导的养老模式比较放心

□. 多一种方式保障老年生活

□. 无子女赡养

□. 可以减轻子女经济压力

□. 其他